Werner Vogler *Die Kultur der Abtei Sankt Gallen*

Die Kultur der Abtei Sankt Gallen

Ausstellungskatalog herausgegeben von Werner Vogler

Abbildungen auf dem Umschlag
Vorne: Der Schreiber Eberhart überreicht sein Buch dem hl. Gallus. Links oben Papst Gregor der Grosse. *Kantonsbibliothek (Vadiana), St.Gallen, Cod. 292.*
Hinten: Der St.Galler Stiftsbezirk heute. *Photo: W. Baer, St.Gallen.*

Klosterhof 1, CH-9001 St.Gallen

ISBN 3-9521128-0-1

Inhalt

Zum Geleit

Sankt Gallen bildet gleichsam das Paradigma eines mittelalterlichen Klosters. Immer wieder haben seine Kultur und Ausstrahlung Forscher und Schriftsteller in ihren Bann gezogen, etwa Viktor von Scheffel in seinem «Ekkehard» (1855), Gustav Freytag in den «Bildern aus der deutschen Vergangenheit» (1859) und den Schotten James Midgley Clark in «The Abbey of St.Gall as a Centre of Literature and Art» (1926).

Die bis heute bereits über 80 Mal auf vier Kontinenten präsentierte Ausstellung versucht erstmals einen musealen Einblick in die Kultur der Abtei St.Gallen zu geben. Selbstverständlich kann dies nur bruchstückhaft und unvollkommen geschehen. Das Thema mußte in wenige Kapitel aufgeteilt werden. Indes erlaubt es unsere Schau dem Betrachter immerhin, eine Übersicht über den Gegenstand zu gewinnen. Es sind sieben Kapitel oder Teile, in denen verschiedene Facetten dieser Kultur vorgestellt werden. Die Eigenart der Wanderausstellung ist es, daß sie keine Originale, an ihrer Stelle aber Photographien, Modelle und Replikate präsentieren kann. Es geschieht dies vor allem aus konservatorischen und Sicherheitsgründen. Als Vorzug erweist sich dabei jedoch die Tatsache, daß vollständige Bilderzyklen aus illuminierten Handschriften zu sehen sind, was bei einer Ausstellung von Originalen verständlicherweise nicht möglich ist, da jeweils gleichzeitig bloß zwei Seiten eines Manuskripts gezeigt werden können.

Die Abtei St.Gallen ist aus kleinen Anfängen, aus der Zelle des irischen Wandermönchs Gallus, entstanden. 612 ließ sich Gallus im Hochtal der Steinach, in einem wilden «Urwaldgebiet» südlich des Bodensees, nieder. Aus diesem bescheidenen Beginn erwuchs eines der bedeutendsten klösterlichen Kulturzentren des Frühmittelalters, des 9. und 10. Jahrhunderts. So liegt denn das Schwergewicht der Ausstellung im Früh- und Hochmittelalter, wobei aber auch der Neuaufschwung des 15. Jahrhunderts und die Blütezeit des Barocks nicht ganz vernachlässigt werden.

In der Tat ist der Barock die zweite herausragende Epoche des Klosters, von deren Glanz in St.Gallen bis zum jetzigen Zeitpunkt die großartigen Barock- und Rokokobauten des Stiftsbezirks, die Stiftskirche, die Bibliothek und die Neue Pfalz, letztere weltliches Regierungs- und Verwaltungszentrum der Abtei, Zeugnis ablegen. St.Gallen bildet für den heutigen Besucher auf den ersten Blick eine barocke Welt, auch wenn in Stiftsbibliothek und Stiftsarchiv Dokumente und Handschriften aus dem Früh- und Hochmittelalter – wie kaum anderswo am ursprünglichen Ort und in den ursprünglichen Instituten – teilweise seit über 1200 Jahren aufbewahrt und gehütet werden. Ich habe die Ausstellung konzipiert als St.Galler Stiftsarchivar, als Leiter jenes Archivs, in welchem die Urkunden und die Rechtsdokumente des Klosters liegen. Tatsächlich besteht nördlich der Alpen kein anderes Archiv, wo so viele originale Urkunden des 8. bis 10. Jahrhunderts – es sind im ganzen fast 1000 – zu finden sind.

In einem ersten Teil führt die Ausstellung in die frühe Geschichte des Klosters ein. Er behandelt die Errichtung der Eremitenzelle durch Gallus und die hundert Jahre jüngere Gründung des Klosters durch den

Alemannen Otmar, stellt außerdem den weit verstreuten, umfangreichen Grundbesitz in Alemannien sowie die religiösen Gebetsbeziehungen St.Gallens vor. Primär geschichtlichen Charakter haben auch die beiden letzten Teile, der 6. und der 7., die sich mit dem St.Galler Klosterstaat des Spätmittelalters sowie mit der religiösen und kulturellen Blüte der Fürstabtei im Barock befassen.

In vier weiteren Kapiteln werden Hauptaspekte der St.Galler Klosterkultur thematisiert. Im Zentrum dieser Kultur stand die Schriftlichkeit, stand das Buch. Das Christentum ist eine Buchreligion, und das Mönchsleben kann man sich ohne das Buch, ohne die Bibel mit den Psalmen und ohne die Benediktsregel, nicht vorstellen. Aus der Epoche der höchsten Blüte, aus dem 9. Jahrhundert, liegt in der St.Galler Stiftsbibliothek der Klosterplan von etwa 830, der indes nicht die wirklichen baulichen Zustände des Gallusklosters dokumentiert, sondern vielmehr einen auf der Reichenau entstandenen Idealplan darstellt. Er ist ein einzigartiges kulturhistorisches Zeugnis. Erst aus der Zeit nach 1200 ist wieder – aus Canterbury – ein Architekturplan erhalten geblieben.

Im St.Galler Plan zeigt sich ein geordneter, in sich geschlossener, autarker Mikrokosmos, in dem jegliches Erfordernis und jegliches Bedürfnis, sei es nun geistiger oder materieller Natur, seinen Platz und seine Erfüllung finden kann. Im Zentrum steht die Kirche, um sie gruppieren sich die Wohneinrichtungen der Mönche und des Abtes, die Unterkünfte der Gäste und die Bereiche der landwirtschaftlichen und gewerblichen Produktion.

Die St.Galler Kultur des frühen Mittelalters steht ihrerseits auf antiken Grundlagen; in der Schule des Klosters wurde das antike Wissen vermittelt und weitergegeben; durch Abschreiben der klassischen Texte sicherte man diese Kenntnisse für die Zukunft und für uns Nachgeborene. Man weiß es: Zahlreiche Dokumente, wissenschaftliche und literarische Texte sind nur dank der Abschreibetätigkeit der Mönche erhalten geblieben. Die mittelalterliche Schrift fußt ihrerseits ebenfalls auf römischen Grundlagen, erfuhr unter Karl dem Großen bekanntlich eine einschneidende, folgenschwere Reform; diese bewirkte ein jahrhundertelanges Dominieren der karolingischen Minuskel. Nicht nur antike Wissenschaft, Kunst und Kultur spielten für die Mönche des 9. Jahrhunderts eine Rolle, vielmehr prägte auch die Kultur der Kelten, der insularen Iroschotten bei der Ausschmückung der Handschriften die St.Galler wie auch viele andere klösterliche Buchkünstler nachhaltig.

St.Gallen ist in vielem ein Spätling gewesen, die Buchmalerei erreichte trotz der großen Zahl der Schreiber, die bereits für das 8. Jahrhundert namentlich bekannt sind, erst nach dem Zenit der karolingischen Kulturblüte ihre höchste Entfaltung. Dabei entstanden in den drei letzten Jahrzehnten des 9. Jahrhunderts Meisterwerke wie der Folchart-Psalter, der Goldene Psalter und das «Evangelium Longum». Abgelöst wurden diese Glanzleistungen der Ausschmückung von Handschriften durch eine ähnlich eindrucksvolle Blüte der Buchmalerei im benachbarten Bodenseekloster der Reichenau, mit dem St.Gallen in manchem wetteiferte. Erwähnt werden müssen wegen ihrer Ausstattung und ihres Inhaltes auch die Sakramentare sowie die mit Neumen versehenen liturgischen Handschriften des 11. Jahrhunderts, die, im sogenannten «Silbernen» Zeitalter des Klosters entstanden, eine weitere Stufe der Entfaltung der sanktgallischen Buchmalerei bedeuten.

Immer wieder zitiert wird die irische Überlieferung des Klosters St.Gallen, wobei wir uns diesbezüglich differenziert auszudrücken haben. Sicher war Gallus nach der traditionellen Auffassung ein Ire, er begründete das mönchische Leben im Hochtal der Steinach. An sein Grab strömten bald Wallfahrer von nah und fern. An seine letzte Ruhestätte zogen, wohl auf dem Weg nach Rom, auch irische Mönche und Pilger, die eine Reihe von Handschriften mitbrachten. Diese – zum Teil nur fragmentarisch erhalten – legen bis heute von der Eigenart und Bedeutung irischer Kunst und Kultur anschauliches Zeugnis ab. Nach dem verstorbenen Kardinal O'Fiaih liegen in der St.Galler Stiftsbibliothek mehr alte irische Handschriften als in allen irischen Bibliotheken insgesamt. Es ist dies ein Erbe, das den Ruf St.Gallens in der Welt, besonders in der angelsächsischen, mitbegründet.

Der Übergang vom Kopieren antiker Texte und vom Schreiben von Urkunden zum Verfassen neuer Texte bedeutet einen qualitativen Sprung, den das frühmittelalterliche St.Gallen als eines der wenigen alemannischen Klöster geschafft hat. Wichtig ist in diesem Zusammenhang die Vitenliteratur (Biographien) über die St.Galler Heiligen, aber auch die fast lückenlose mittelalterliche Geschichtsschreibung über die eigene Vergangenheit geworden, die wir Ratpert, Konrad von Pfäfers, Christian Kuchimaister und weiteren Autoren verdanken. Als Meisterwerk können ohne Zweifel die geschichtlichen Erzählungen Ekkeharts IV., sein Teil der «Casus Sancti Galli», betrachtet werden, durch die uns so manche farbige Einzelheit aus dem «Goldenen» Zeitalter St.Gallens plastisch vor Augen geführt wird.

Bei der Ausbildung der Mönche – es gab neben der inneren auch eine äußere Schule für Adlige – spielten die Disziplinen der sieben freien Künste, des Triviums (Dialektik, Rhetorik, Grammatik) und des Quadriviums (Geometrie, Arithmetik, Astronomie und Musik) eine zentrale Rolle. Besonders wichtig war darunter die Musik, die vor allem im Hinblick auf den klösterlichen Gottesdienst gepflegt wurde. Ziel der schulischen Ausbildung war indes die Kenntnis des Wortes Gottes, das die Bibel enthielt und das die Kirchenväter erläuterten. Ratpert, Tuotilo und Notker schufen zudem Hymnen, Tropen und Sequenzen, die nach und nach fast im ganzen Abendland erklangen.

Ohne Zweifel ist Notker Poeta, auch Notker Balbulus – der Stammler – genannt, einer der bedeutendsten mittelalterlichen Dichter, nach Wolfram von den Steinen gar der größte Dichter zwischen dem Evangelium und Dante gewesen. Sein Namensvetter Notker Labeo, Teutonicus oder der Deutsche, wird seinerseits zu Recht als Schöpfer der althochdeutschen Wissenschaftsprosa angesehen. Er übersetzte aus dem Lateinischen ins Althochdeutsche in meisterhafter Art und Weise nicht nur die Psalmen, sondern auch klassische philosophische Texte für die Schule.

Nach den Höhepunkten des Goldenen und des Silbernen Zeitalters brachen für St.Gallen weniger spektakuläre Zeiten an. Erst im 15. Jahrhundert konnte die Abtei schließlich wieder einen Weg zum Besseren finden.

St.Gallen ist bis heute ein hervorragender Ort literarischer und wissenschaftlicher Überlieferung, es ist historisch gleichsam zu einem Prototyp eines abendländischen Klosters geworden mit einer Lebensform, die wir in ihrem Bestreben, die Beschaulichkeit mit der Praxis, den Feiertag mit dem Alltag, das Geistliche mit dem Weltlichen in Einklang zu bringen, als wichtiges Bindeglied zwischen der klassisch-antiken, griechisch-römischen Kultur und der technischen Zivilisation der Neuzeit ansehen können. Ermöglicht wurde diese Synthese, diese hervorragende Leistung durch die benediktinische Regel, aufgrund derer es glückte, das «Ora» und das «Labora», Meditation und Arbeit, harmonisch zu vereinen.

Die Anregung zur Veröffentlichung dieses Katalogs, dessen japanische Ausgabe bereits 1994 in Tokyo erschien, ging von Herrn Architekt Tino Walz, München-Zuoz, aus. Er hat das Projekt ideell angeregt und materiell durch Abnahme von Exemplaren ermöglicht. So erscheint nun der Text gedruckt zur Präsentation der Ausstellung im bündnerischen Engadin in der Chesa Planta in Zuoz. Die Publikation wäre nicht möglich gewesen ohne die sorgfältige Begleitung des Druckes durch den wiss. Assistenten des Stiftsarchivs St. Gallen, Herrn lic. phil. Lorenz Hollenstein. In gewohnt sorgfältiger Weise hat die Firma Franz W. Wesel den Katalog hergestellt. Ihnen gilt der besondere Dank des Administratoren und Kommissärs dieser erfolgreichen Wanderausstellung.

Werner Vogler, Stiftsarchivar St.Gallen

Katalog

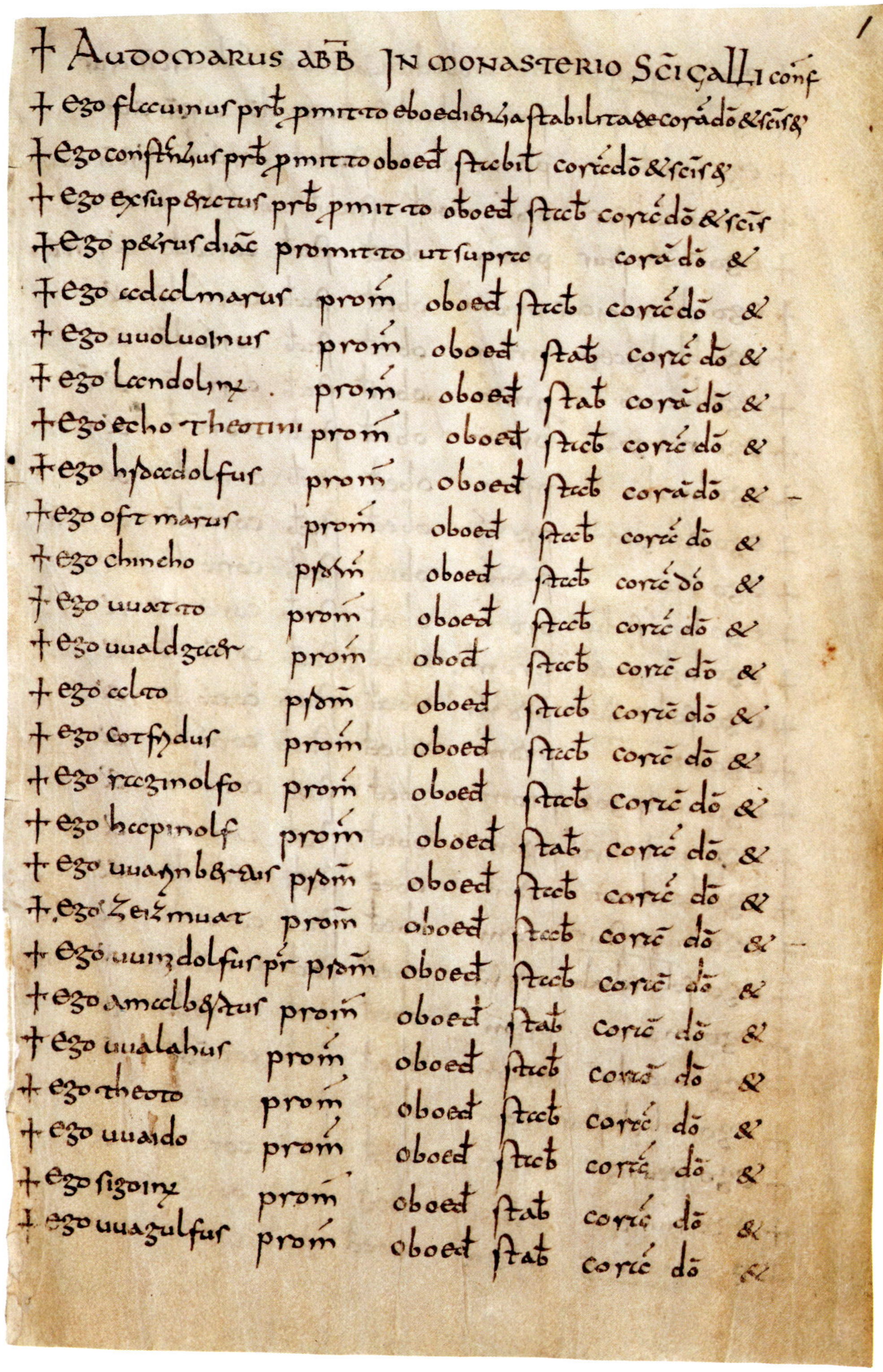
+ Audomarus abb in monasterio sci galli conf
+ ego flecuinus prb pmitto oboedientia stabilitate coram do & scis
+ ego constantius prb pmitto oboed stabilit coram do & scis
+ ego exsuperatus prb pmitto oboed stab coram do & scis
+ ego petrus diac promitto ut supra coram do &
+ ego adalmarus prom oboed stab coram do &
+ ego uuoluoinus prom oboed stab coram do &
+ ego landoline prom oboed stab coram do &
+ ego echo theotini prom oboed stab coram do &
+ ego hadolfus prom oboed stab coram do &
+ ego ostmarus prom oboed stab coram do &
+ ego chincho prom oboed stab coram do &
+ ego uuatto prom oboed stab coram do &
+ ego uualdgear prom oboed stab coram do &
+ ego eoto prom oboed stab coram do &
+ ego cotfridus prom oboed stab coram do &
+ ego raginolfo prom oboed stab coram do &
+ ego herpinolf prom oboed stab coram do &
+ ego uuanbertus prom oboed stab coram do &
+ ego Zeizmuat prom oboed stab coram do &
+ ego uuinidolfus pr prom oboed stab coram do &
+ ego amalbertus prom oboed stab coram do &
+ ego uualahus prom oboed stab coram do &
+ ego theoto prom oboed stab coram do &
+ ego uuaido prom oboed stab coram do &
+ ego sigoinz prom oboed stab coram do &
+ ego uuazulfus prom oboed stab coram do &

A 2.3

A Die frühe Geschichte der Abtei

1 Der Gründer der Zelle Gallus

Die Abtei St.Gallen entstand aus bescheidenen Anfängen, aus der Zelle eines Einsiedlers, des Iren Gallus. Dieser kam im Gefolge des irischen Mönchsvaters Kolumban, des Gründers von Luxeuil und Bobbio, über Lothringen und Tuggen um 610 nach Bregenz. Kolumban reiste bald mit seinen Gefährten weiter, Gallus war krank und mußte zurückbleiben. Im Arboner Forst, in der Wildnis südlich des Bodensees, gründete Gallus um 612 eine Zelle und scharte bald auch Jünger um sich. Die älteste Lebensbeschreibung, wenige Jahrzehnte nach seinem Tod entstanden, berichtet über die wichtigsten Ereignisse seines Lebens.

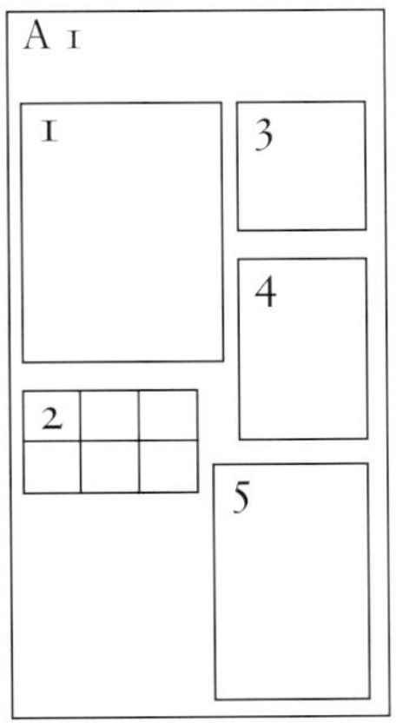

1
Der Bär hilft Gallus beim Bau seiner Zelle. Ausschnitt aus der Elfenbeintafel des Tuotilo. Um 900. *Cod. Sang. 53.*

2
Szenen aus dem Leben des heiligen Gallus. *Stichfolge, gezeichnet von Pierre Vuilleret, Fribourg, gestochen von Wolfgang Kilian, Augsburg. 1630.*
1 Gallus kommt mit Kolumban und weiteren Gefährten aus Irland nach Alemannien.
2 Gallus zerstört in Bregenz am Bodensee die Götzenbilder.
3 Gallus bittet Kolumban, in Bregenz zurückbleiben zu können.
4 Gallus reicht dem Bären für seine Hilfe ein Brot.
5 Gallus erfährt im Traum vom Tod des Kolumban.
6 Gallus stirbt in Arbon am Bodensee und wird begraben.

3
Der Weg des Gallus nach St.Gallen

4
Anfang des Galluslebens von Wetti († 824). *Cod. Sang. 553.*

5
Kirchen mit Gallus-Patrozinium. *Karte nach Paul Staerkle.*

A 1.1

2 Der Gründer der Abtei Otmar

Gut 100 Jahre später, um 719, errichtete der Alemanne Otmar, der im rätischen, romanischen Chur erzogen worden war, am Ort des Gallusgrabs ein Kloster mit gemeinschaftlichem Leben. 747 wurde, auf Veranlassung Karlmanns und Pippins, die Benediktinerregel eingeführt. Eine Anzahl seltener früher Urkunden bezeugt schon in den ersten Jahrzehnten Güterschenkungen durch alemannische Gutsbesitzer an das Kloster. Als Motiv wird immer wieder das Seelenheil der Schenker angegeben. Schon bald entstanden Auseinandersetzungen mit den weltlichen Gewalten, Otmar wurde der Prozeß gemacht, und er wurde eingekerkert. Auf der Rheininsel Werd, beim Ausfluß des Bodensees, starb er am 16. November 759.

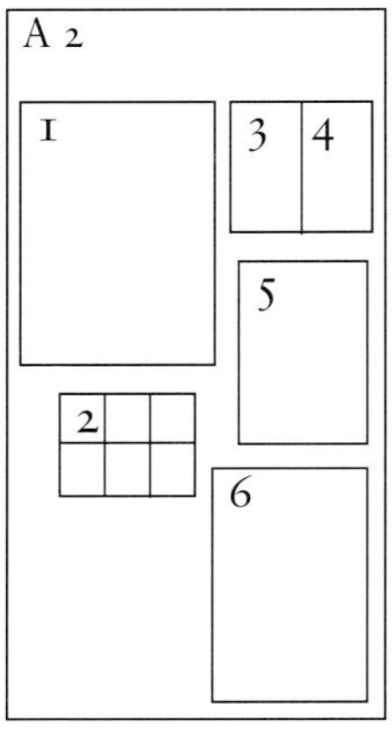

1
Der Klostergründer Otmar. Älteste bildliche Darstellung Sankt Otmars. Federzeichnung einer Buchstabenminiatur im Stuttgarter Passionale, geschrieben und gezeichnet um 1150 in Zwiefalten. *Württ. Landesbibliothek Stuttgart, Cod. Bibl. fol. 58.*

2
Szenen aus dem Leben des heiligen Otmar. *Stichfolge, gezeichnet von Pierre Vuilleret, Fribourg, gestochen von Wolfgang Kilian, Augsburg. 1630.*

1 Otmar erhält von den Karolingern die Regel des heiligen Benedikt.
2 Otmar beklagt sich bei König Pippin über die Entfremdung der St.Galler Güter.
3 Otmar wird von einem falschen Zeugen des Ehebruchs angeklagt und zu Haft verurteilt.
4 Otmar wird eingekerkert.
5 Otmar stirbt nach zwölf Jahren Exil auf der Rheininsel Werd.
6 Zehn Jahre nach Otmars Tod wird sein Leib unversehrt gefunden und auf einem Schiff nach St.Gallen übergeführt.

3
In einem rechtlich abgesicherten Gelübde verpflichteten die St.Galler Benediktinermönche sich vor Gott und seinen Heiligen zu Gehorsam gegenüber dem Abt, zum Verbleiben im Kloster und zur Besserung des Lebenswandels. Im karolingischen Profeßbuch des frühen 9. Jahrhunderts sind die ersten St.Galler Mönche, seit Abt Otmar, mit ihren Gelübden in langen Listen nachgetragen worden. Als Rechtsdokument liegt die dünne Handschrift nicht in der Stiftsbibliothek, sondern im Stiftsarchiv St.Gallen. *Stiftsarchiv St. Gallen, Profeßbuch.*

4
Gelübdeformel des 10. Jahrhunderts mit eigenhändigen Eintragungen einzelner Namen der ihre Gelübde ablegenden Mönche. *Stiftsarchiv St.Gallen, Profeßbuch.*

5
Leitfaden des klösterlichen Lebens war die Benediktsregel, in der im Detail die Pflichten des Mönchslebens festgehalten sind. St.Gallen bewahrt den zuverlässigsten Text dieser in zahlreichen Handschriften überlieferten Regel aus der ersten Hälfte des 9. Jahrhunderts auf. *Cod. Sang. 914.*
Im Zentrum des streng geregelten benediktinischen Lebens stand der Gottesdienst, der Tag und Nacht zur festgesetzten Stunde verrichtet wird. Doch auch geistige und körperliche Arbeit mußte von den Mönchen geleistet werden.
Ausschnitte aus der Regel des heiligen Benedikt:
Sobald man zur Stunde des Gottesdienstes das Zeichen hört, lasse man alles liegen, was man in den Händen hat, und komme in größter Eile herbei, jedoch mit Ernst, um keinen Anlaß zu Leichtfertigkeit zu geben.

Man soll also dem Gottesdienst nichts vorziehen.

6
Kirchen mit Otmarspatrozinium. *Karte von Johannes Duft.*

3 Die äußere Entwicklung

Bereits früh war die Auseinandersetzung mit dem an Gütern weniger reichen Konstanz Quelle langwieriger Auseinandersetzungen. Erst nach und nach gelang es der Abtei im Hochtal der Steinach, sich aus der Abhängigkeit von Konstanz zu lösen. Eine Epoche hoher Blüte des Klosters St.Gallen bildet außer dem Hochmittelalter, dem 9. und 10. Jahrhundert, vor allem auch das Barockzeitalter, als die Abtei einen zweiten großen Aufschwung erlebte. Bereits im 9. Jahrhundert war St.Gallen ein bedeutendes Kloster, damals wurden unter den Äbten Gozbert, Grimald, Hartmut und Salomon enge Beziehungen zum Kaiserhof geknüpft.

1
Im Jahre 818 erhielt St.Gallen die Immunität, die Befreiung von der Unterstellung des Klosters und der klösterlichen «familia» unter das weltliche Gericht. Diese bildete die Grundlage für die weitere politische Entwicklung der Abtei. Im Jahre 833 wurde das Immunitätsprivileg durch dieses Dokument von König Ludwig dem Deutschen bestätigt. *Stiftsarchiv St.Gallen.*

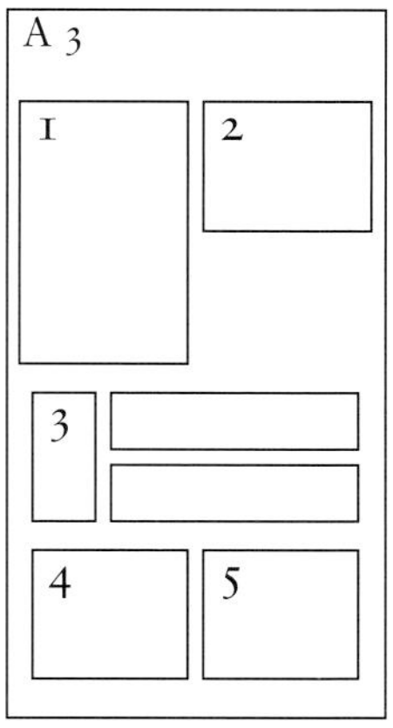

2
Urkunde Karls des Großen von 780 für St.Gallen, worin die Abhängigkeit St.Gallens von Konstanz bestätigt wird. *Stiftsarchiv St.Gallen.*

3
Beispiele von frühen Traditionsurkunden, in denen auf Pergament die Güterschenkungen an die Abtei St.Gallen rechtsgültig festgehalten wurden. Es handelt sich um Dokumente aus den Jahren 744, 766 und 873. Im ganzen sind im Stiftsarchiv St.Gallen rund 800 originale, datierte frühe Privaturkunden erhalten geblieben, ein einzigartiger Schatz nördlich des Alpenkammes. *Stiftsarchiv St.Gallen.*

4
Der Grundbesitz des Klosters St. Gallen um 920. *Karte von Werner Vogler.*

Aus zahlreichen Schenkungen wuchs im 8. und 9. Jahrhundert der Güterbesitz des Klosters St.Gallen in Alemannien rasch an. Er war in dezentralisierte Verwaltungseinheiten, Kapitel genannt, aufgeteilt. Die römischen Ziffern nennen die Nummer des Kapitels der St.Galler Güter.

5
Die Verwaltungseinteilung des frühen St.Galler Grundbesitzes. *Karte von Werner Vogler.*

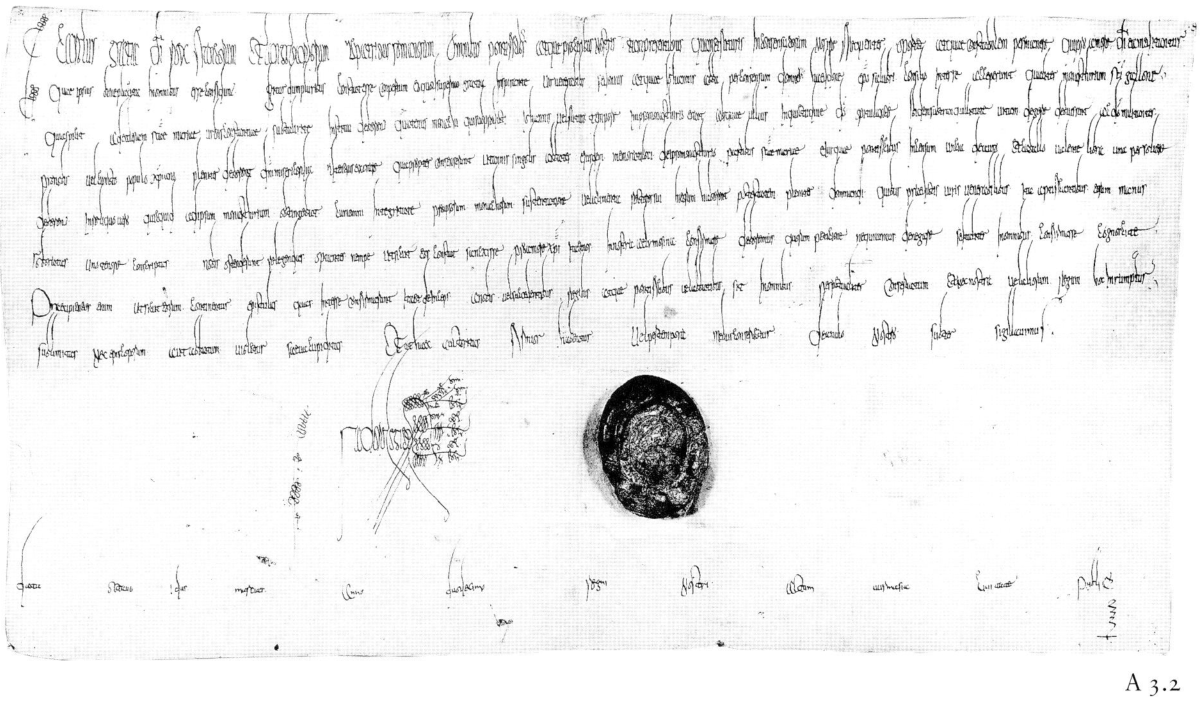

A 3.2

A 4.1

4 Die Mönchsgemeinschaft

Im 9. Jahrhundert erhöhte sich die Zahl der Mönche auf über 100. Aus verschiedenen Verbrüderungslisten und aus Urkunden sind uns die Namen der Mitglieder der St.Galler Kommunität bekannt. Darin finden sich auch manche Mönche, die in Schule, Wissenschaft und Kunst hervortraten und über die wir Näheres aus den «Casus Sancti Galli» erfahren. In Gebetsverbrüderungen verband man sich mit auswärtigen Klostergemeinschaften. Lange Namenlisten bezeugen das Gebetsgedenken für die Wohltäter und die Gebetsverbrüderungen mit auswärtigen Klosterkonventen.

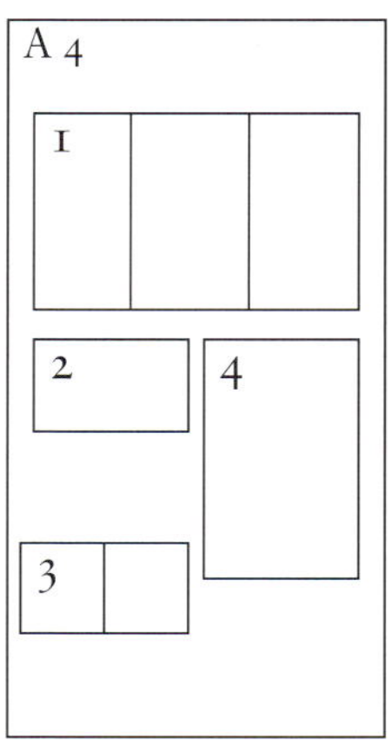

1
Rasch wuchs die Mönchsgemeinschaft zahlenmäßig an. Die Liste der St.Galler Mönche um etwa 865, unter Abt Grimald (841–872), im Memorialbuch «Liber Viventium» von Pfäfers. *Stiftsarchiv St.Gallen, Cod. Fab. 1.*

2
In einer Urkunde von 895 sind zahlreiche Mönche des Konvents unter Abt Hartmut als Zeugen aufgeführt. Es finden sich darin so bekannte Persönlichkeiten wie Iso, Tuotilo, Notker der Dichter, Sintram, Folchart. *Stiftsarchiv St.Gallen.*

3
Im St.Galler Memorialbuch des 9. Jahrhunderts sind Tausende von Einzelnamen und zahlreiche Klostergemeinschaften, derer man im Gebete gedachte, mit ihren Mitgliedern eingetragen. Als Beispiele die Listen der Konvente von St. Martin in Tours, der Schwestern von St. Stephan in Straßburg und von Schänis. *Stiftsarchiv St.Gallen, St.Galler Verbrüderungsbuch.*

4
Die mit der Abtei St.Gallen in Gebetsgemeinschaft verbundenen Klöster. *Zusammenstellung nach Cod. Sang. 453 und dem St.Galler Verbrüderungsbuch.*

NOMINA FRATRV̄ DE TURONIS

A 4.3

NOM SO RORV̄ DE MON SCI STEPHANI

A 4.3

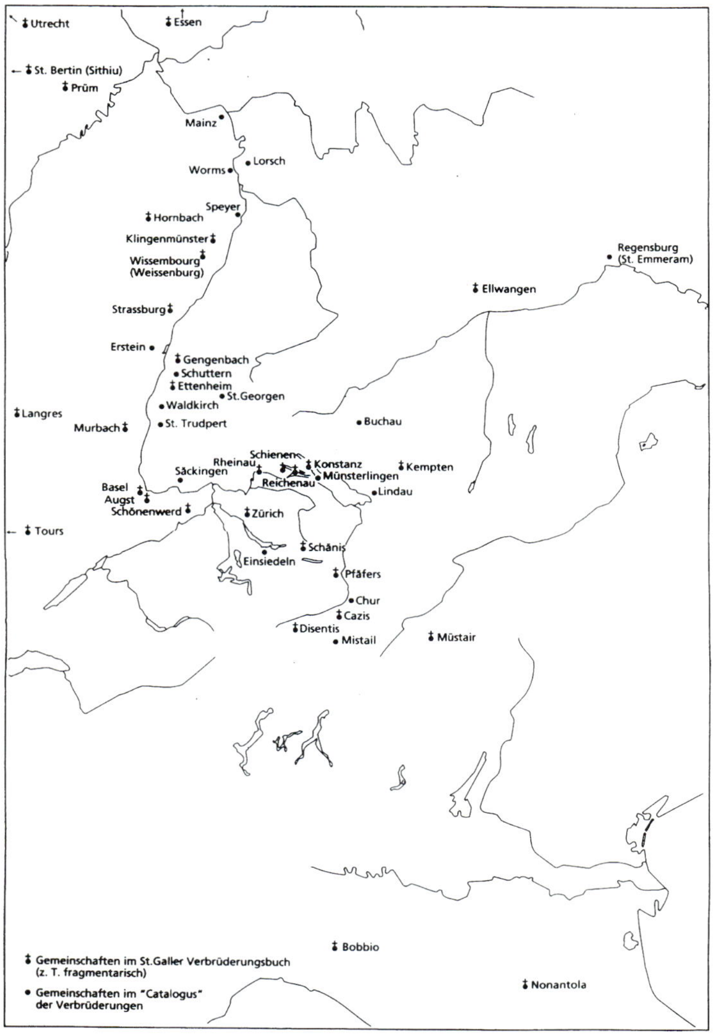
Utrecht
Essen
St. Bertin (Sithiu)
Prüm
Mainz
Lorsch
Worms
Speyer
Hornbach
Klingenmünster
Wissembourg (Weissenburg)
Regensburg (St. Emmeram)
Ellwangen
Strassburg
Erstein
Gengenbach
Schuttern
Ettenheim
St. Georgen
Waldkirch
Langres
Murbach
St. Trudpert
Buchau
Schienen
Rheinau
Konstanz
Kempten
Säckingen
Reichenau
Münsterlingen
Basel
Augst
Lindau
Schönenwerd
Zürich
Tours
Schänis
Einsiedeln
Pfäfers
Chur
Cazis
Disentis
Mistail
Müstair
Bobbio
Nonantola
Gemeinschaften im St. Galler Verbrüderungsbuch (z. T. fragmentarisch)
Gemeinschaften im "Catalogus" der Verbrüderungen

A 4.4

5 Der St.Galler Klosterplan

Der St.Galler Klosterplan von ca. 825. Der auf der Reichenau teils vom dortigen Bibliothekar Reginbert mit Legenden versehene, aus fünf Blättern zusammengefügte großformatige Pergamentplan zeigt ein karolingisches Idealkloster aufgrund der Reformvorschriften Benedikts von Aniane und der Synode von Inden. Es handelt sich indes nicht um den tatsächlich existierenden St.Galler Klosterkomplex der Karolingerzeit, auch wenn der Plan gewiß bei der Vorbereitung des Neubaus des Münsters nach 830 zu Rate gezogen wurde. *Cod. Sang. 1092.*

A 5

I

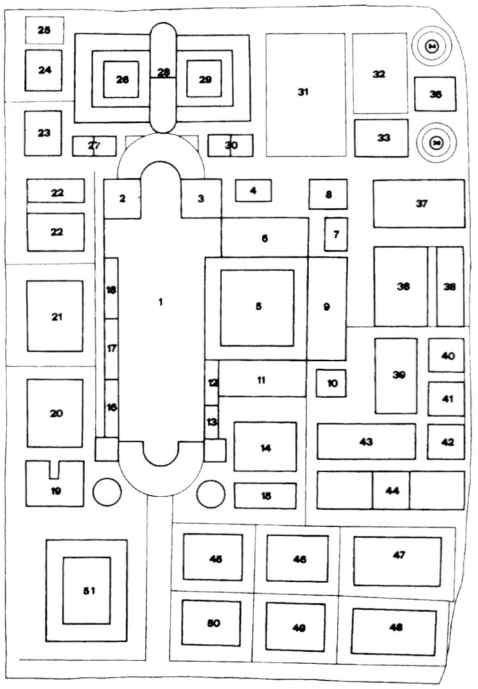

1. Kirche
2. Schreibstube, oben Bibliothek
3. doppelgeschossige Sakristei
4. Zubereitungsraum für Hostien und Öl
5. Kreuzgang
6. Versammlungsort des Kapitels
7. Wärmeraum, oben Schlafsaal
8. Bad und Latrine
9. Refektorium, oben Kleiderkammer
10. Küche
11. Keller, oben Vorratsraum
12. Sprechzimmer
13. Stube des Armenverwalters
14. Pilgerherberge
15. Brauerei und Bäckerei der Pilgerherberge
16. Pförtnerstube
17. Wohnung des Schulvorstehers
18. Gastzimmer für durchreisende Brüder
19. Brauerei und Bäckerei des Gästehauses
20. Gästehaus
21. äußere Schule
22. Abtei
23. Aderlaßhaus
24. Arzthaus
25. Kräutergärtlein
26. Spital
27. Küche und Bad des Spitals und des Aderlaßhauses
28. Doppelkapelle für das Spital und das Noviziat
29. Noviziat
30. Küche und Bad des Noviziates
31. Friedhof und Obstgarten
32. Gemüsegarten
33. Gärtnerwohnung
34. Hof für Gänse
35. Wärterwohnung
36. Hühnerhof
37. Kornscheune
38. Werkstätten
39. Küche und Brauerei der Mönche
40. Mühle
41. Stampfe
42. Darre
43. Kornhaus und Küferei
44. Stieren- und Pferdestall
45. Schafstall
46. Türme
47. Ziegenstall
48. Kuhstall
49. Stuterei
50. Schweinestall
51. Gesindehaus

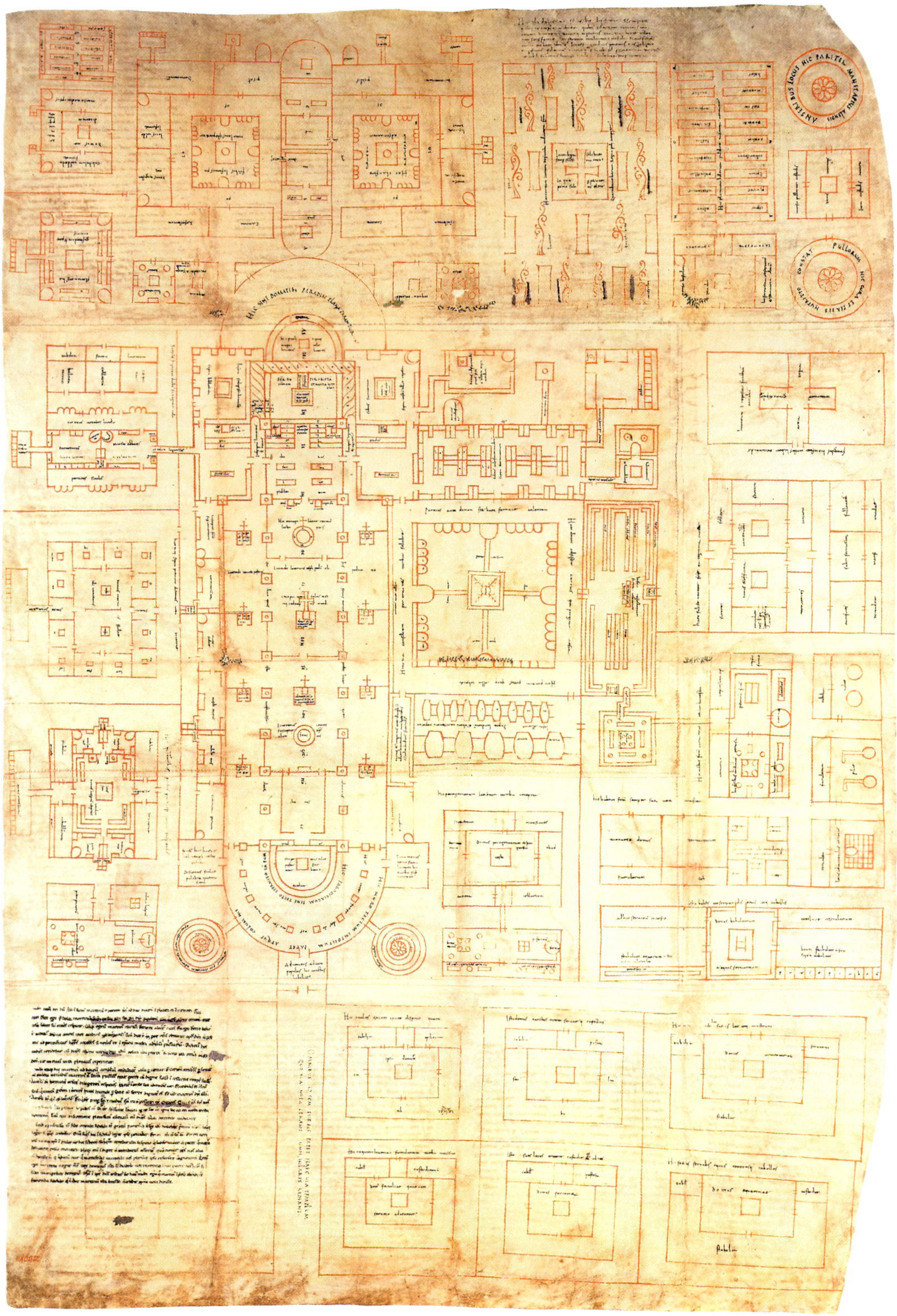

A 5.1

6 Die karolingischen Klosterbauten

Dem Besucher tritt heute in St.Gallen im Stiftsbezirk eine barocke Welt entgegen. Nur wenig erinnert auf den ersten Blick ans Mittelalter. Wir kennen aufgrund der Ausgrabungen den Grundriß der Klosterkirche, wenn auch von den Gebäuden selbst fast nichts mehr erhalten blieb, und können uns aufgrund der ausgegrabenen Kapitellfragmente eine gewisse Vorstellung der einstigen Ausstattung machen.

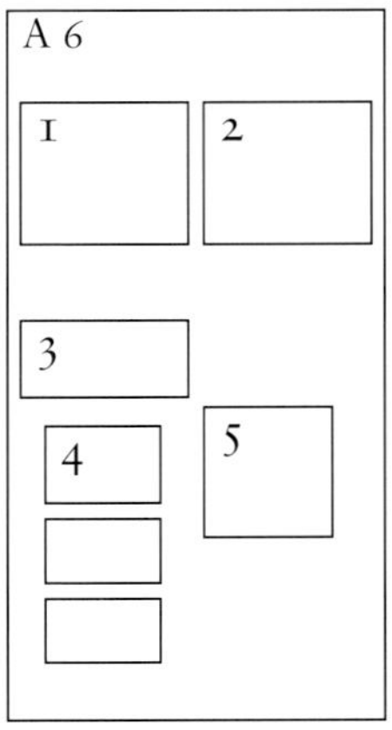

1
Der frühmittelalterliche St.Galler Klosterbezirk. *Rekonstruktionsversuch von Alfons Zettler.*

2
Umbauplan von P. Gabriel Hecht mit noch vorhandenen Teilen der mittelalterlichen Bauten, besonders der Kirche. 1724. *Stiftsarchiv St.Gallen.*

3
Das Gozbert-Münster in St.Gallen. Nach 830. Ergrabene Reste und heutiger Bau (1755–1766). *Plan von Hans Rudolf Sennhauser.*

4
Kapitellfragmente des Gozbert-Münsters (erbaut 830–837) mit pflanzlicher Ornamentik. In den 1960er Jahren aus dem Fundament des Chors der barocken Stiftskirche ergraben. Grauer Sandstein. *Lapidarium der Stiftskirche St.Gallen.*

5
Grundriß und Querschnitt durch das St.Galler Münster. 1725 von P. Gabriel Hecht gezeichnet als Umbauplan, der in einzelnen Teilen einen Eindruck der Ausstattung des mittelalterlichen Baus zu geben vermag. *Stiftsarchiv St.Gallen.*

Es wäre zu weitschweifig, wollte ich die vielen Diener Gottes einzeln mit Namen anführen, die ich [in St.Gallen] in aller Kunst und Tugend glänzen sah. Solch regsame Männer in der Baukunst jeglicher Art fand ich anderswo kaum, so daß sich hier schon aus dem Neste zeigt, was für Vögel darin wohnen.

Betrachte die Basilika und die Klausur, und du wirst dich über meinen Bericht nicht wundern. Ich darf nun doch nicht jeden Namen verschweigen. Ist Winihart nicht ein wahrer Dädalus? Ist Isenrich nicht ein zweiter Beseleel? Er handhabt allzeit das Richtscheit, außer wenn er im Altardienst steht. Solche Demut ist in diesen vortrefflichen Männern, daß sie sich nicht scheuen, das Handwerk persönlich auszuüben. Was soll ich sagen von Amalger, klug als Ratgeber und angesehen in sittlicher Hinsicht? Von seinem Eifer im Dienste Gottes zeugt der goldene Altar, vor dem er betet. Ich schweige vom aufrichtigen Ratger und will nur hervorheben, was geschah, als sich die Werkleute einst den ganzen Tag an einer jener Säulen abmühten, die heute in der Basilika stehen. Als alle schließlich müde waren und sich zurückzogen, ließ er allein vom begonnenen Werk nicht ab. Wie er aber vergeblich schwitzte, brach er in die Worte aus: Heiliger Gallus, spalte sie! Da zeigte sich jene ungeheure Steinmasse wunderbarerweise von dort her gespalten, wo sich zuvor die Bauleute umsonst abgemüht hatten. Zugleich wurde offenbar, daß jener Bruder selber eine geistige Säule des Tempels war.
Ermenrich von Ellwangen in einem Brief an Abt Grimald von St.Gallen. Um 854.

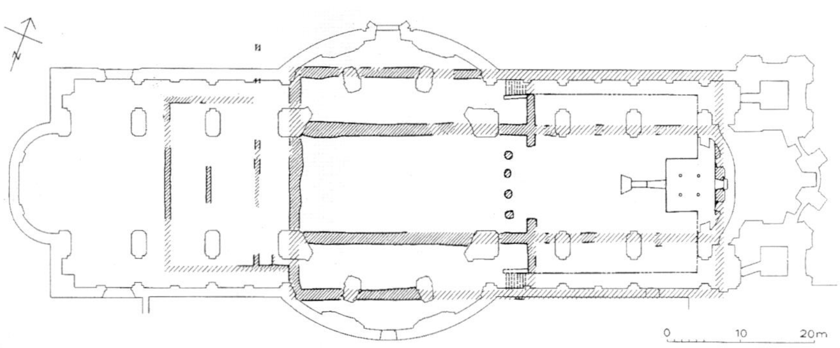

A 6.3

A 6.4

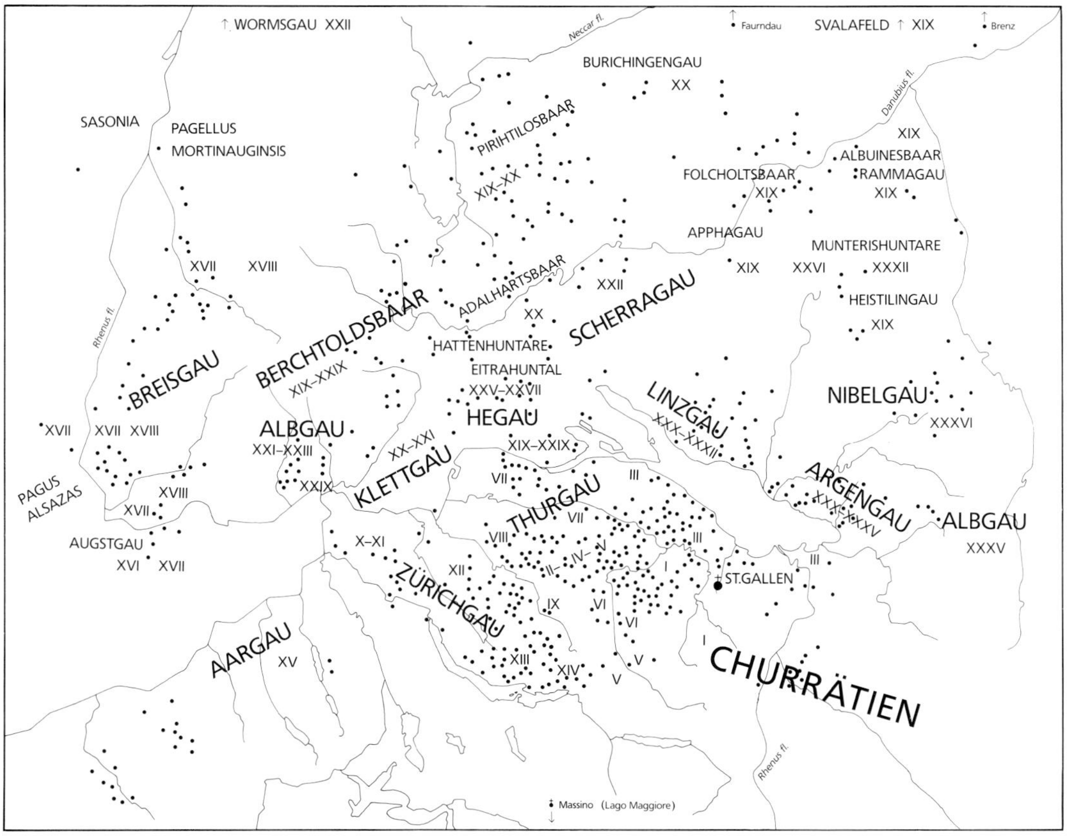
WORMSGAU XXII
Faurndau
SVALAFELD XIX
Brenz
Neccar fl.
BURICHINGENGAU
XX
SASONIA
PAGELLUS
MORTINAUGINSIS
PIRIHTILOSBAAR
XIX–XX
Danubius fl.
XIX
ALBUINESBAAR
RAMMAGAU
XIX
FOLCHOLTSBAAR
XIX
APPHAGAU
MUNTERISHUNTARE
XVII
XVIII
XIX
XXVI
XXXII
XXII
HEISTILINGAU
ADALHARTSBAAR
SCHERRAGAU
XIX
Rhenus fl.
BERCHTOLDSBAAR
XX
HATTENHUNTARE
EITRAHUNTAL
BREISGAU
XIX–XXIX
XXV–XXVII
LINZGAU
NIBELGAU
XXX–XXXII
XXXVI
HEGAU
XVII
XVII
XVIII
ALBGAU
XXI–XXIII
XX–XXI
XIX–XXIX
PAGUS ALSAZAS
XVIII
XXIX
KLETTGAU
VII
III
ARGENGAU
XXX–XXXV
XVII
THURGAU
VII
ALBGAU
XXXV
AUGSTGAU
VIII
III
III
XVI
XVII
X–XI
II
IV
V
I
XII
ST.GALLEN
ZÜRICHGAU
IX
VI
VI
I
AARGAU
XV
XIII
XIV
V
V
CHURRÄTIEN
Rhenus fl.
Massino (Lago Maggiore)

A 3.4

B 5.1

B Schule und Wissenschaft

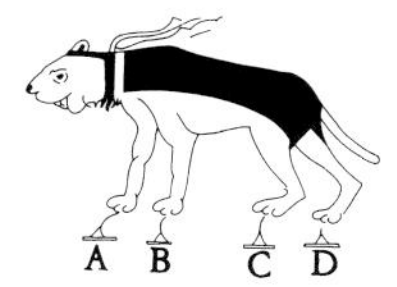

1 Lehrer und Schüler

Auf dem St.Galler Idealplan von ca. 825 lassen sich zwei Schulen ersehen, die innere und die äußere. Ihr Alltag ist außer durch die Handschriften zu den sieben freien Künsten durch Ekkeharts IV. «Casus Sancti Galli» dokumentiert. Er berichtet manche Details aus dem Schulbetrieb. Die innere Schule diente der Ausbildung der Mönche, die äußere war vor allem für adlige Schüler bestimmt. Als berühmte Lehrer ragten Iso, der Ire Marcellus sowie Ratpert, Tuotilo, Gerald und Notker der Deutsche hervor. Unter den Schülern ist beispielsweise Bischof Ulrich von Augsburg zu nennen.

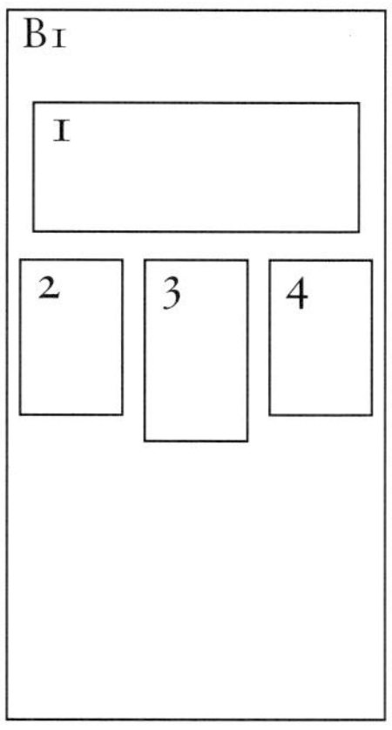

1
König David mit Schreibern. Darstellung im Folchartpsalter. *Cod. Sang 23.*

2
Die innere Schule und das Noviziat. Für letzteres ist auf dem Klosterplan eine eigene Kirche vorgesehen, die an jene des Krankenhauses grenzt.
Cod. Sang. 1092.

3
Ekkehart IV. schrieb in den «Casus Sancti Galli» über die bekannten Lehrer der St.Galler Klosterschule. *Cod. Sang. 615.*

Im 33. und 34. Kapitel seiner «Casus Sancti Galli» heißt es über die Lehrer Notker, Ratpert und Tuotilo:
Von NOTKER, RATPERT und TUOTILO, des Iso und des Marcellus Schülern, fangen wir, weil sie nämlich ein Herz und eine Seele waren, zusammen zu erzählen an, soviel wir von den Vätern vernommen haben; denn die drei haben nur einen ausgemacht. Da sie von Iso in den göttlichen Dingen bereits recht gründlich unterwiesen waren, sind sie, wie wir schon gesagt haben, dem Marcellus zugeteilt worden. Er aber, im göttlichen Wissen gleich stark wie im menschlichen, führte sie zu den sieben freien Künsten, namentlich aber zur Musik. Und da diese Kunst natürlicher ist als die übrigen und, wenngleich schwieriger anzueignen, in der Ausübung jedoch genußreicher, so beherrschten sie jene endlich so sehr, wie das in den Werken der einzelnen, die wir schon zuvor kurz berührt haben, zu Tage tritt.

Aber TUOTILO war auf ganz andere Art gut und brauchbar, ein Mann, der in der Kraft seiner Arme und allen Gliedern so war, wie Fabius die Athleten auszuwählen lehrt. Er war beredt, von heller Stimme, in der Schnitzerei zierlich und in der Malerei ein Künstler, ein Musiker wie auch seine Genossen, aber auf dem Gebiet aller Saiteninstrumente und Rohrpfeifen allen voran; denn er hat auch die Söhne der Vornehmen in einem Raum, der vom Abt dazu bestimmt war, auf den Saiten unterrichtet. Ein gewandter Bote in die Ferne und die Nähe, im Bauen und in den übrigen Künsten erfolgreich, zum Dichten in beiden Sprachen von Natur aus begabt und geschickt; im Ernst und im Scherz gemütlich in dem Grade, daß unser Karl [III.] einst denjenigen verwünscht hat, der einen Menschen von solcher Anlage zum Mönche gemacht habe. Aber bei all dem war er, was wichtiger ist als das übrige, in der Gemeinschaft betriebsam, im Verborgenen leicht zu Tränen bewegt, vorzüglich begabt, Verse und Melodien zu schaffen, keusch als Schüler des Marcellus, der vor Frauen die Augen geschlossen hat.

4
Die äußere Schule. *Cod. Sang. 1092.*

B 1.1

2 Die sieben freien Künste: Das Trivium

Das hochmittelalterliche Schulsystem, auf antiken Grundlagen und den Leistungen Cassiodors in Vivarium stehend, besaß eine strenge Norm in den Disziplinen der sieben freien Künste. Sie wurden aufgeteilt in das Trivium und das Quadrivium. Das Trivium umfaßte Grammatik, Dialektik und Rhetorik. Für diese Disziplinen stand in St.Gallen eine größere Anzahl von Schulbüchern zur Verfügung, die bis heute erhalten sind. Häufige Verwendung im Unterricht fanden auch Isidors von Sevilla «Etymologien», in denen die spätantike Wissenschaft des 6./7. Jahrhunderts zusammengefaßt vorlag.

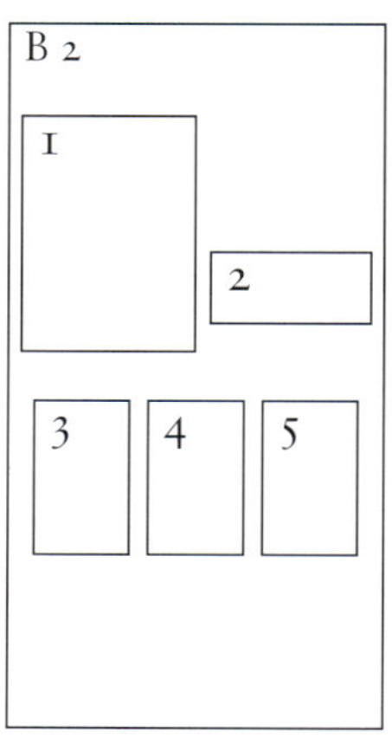

1
Die Rhetorik spielte eine bedeutende Rolle in der klösterlichen Ausbildung: Ein Rhetor (wohl Cicero). Rhetorische Handschrift des 7./8. Jahrhunderts aus Norditalien. *Cod. Sang. 912.*

2
Federzeichnung am Rande eines Schulbuches (Lukans «Pharsalia»). *Cod. Sang. 863.*

3
Immer wieder Verwendung im Unterricht fand die «Psychomachia» des Prudentius. Sie ist in zwei bedeutenden Handschriften der Stiftsbibliothek aus dem 10./11. Jahrhundert mit Federzeichnungen, die auf antiken Vorbildern beruhen, verziert. Illustriert wird bei unserem Beispiel der Kampf der Ratio (Vernunft) gegen die Avaritia (Habgier). *Cod. Sang. 135.*

4
Der deutschen Sprache kam im Schulbetrieb eine wichtige Funktion zu, wie Notkers des Deutschen Schriften zeigen. Der Anfang des lateinisch-althochdeutschen Wörterbuches «Abrogans»; den Namen erhielt die Handschrift nach dem ersten Wort. *Cod. Sang. 911.*

5
Dem Unterricht diente auch die volkssprachliche Übersetzung der Schrift des Aristoteles «Peri hermeneías» aus dem Latein. 11. Jahrhundert. *Cod. Sang. 818.*

B 2.1

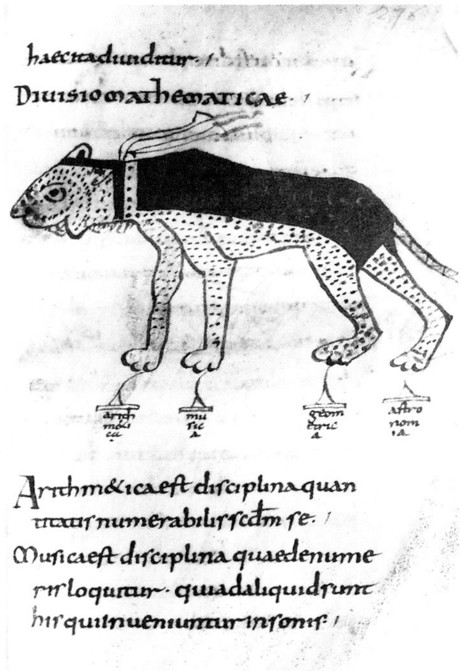

B 3.1

3 Die sieben freien Künste: Das Quadrivium

Das Quadrivium umfaßte die naturwissenschaftlichen Disziplinen mit Arithmetik, Geometrie, Musik und Astronomie. Im Unterricht wurden immer wieder Texte klassischer, vornehmlich antiker Autoren verwendet und gelesen. Um den Schülern den Zugang zur schwierigen lateinischen Sprache zu erleichtern («propter caritatem discipulorum»), übersetzte Notker der Deutsche die Texte in die Muttersprache.

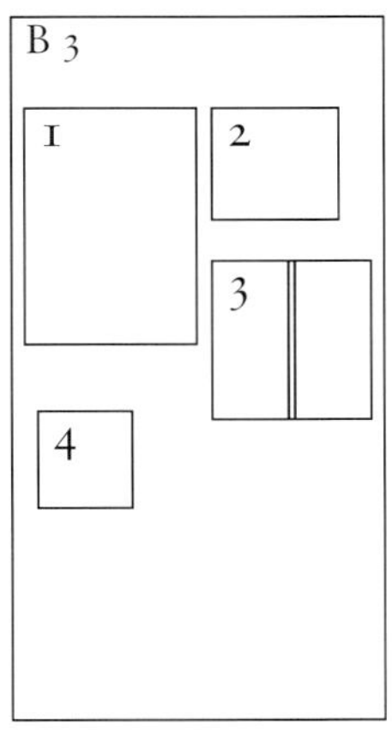

1
Die vier Füße des Tieres in einer Handschrift der «Institutiones» des Cassiodor veranschaulichen die vier Disziplinen des Quadriviums, Arithmetik, Musik, Geometrie, Astronomie. 9. Jahrhundert. *Cod. Sang. 855.*

2
Frühmittelalterliche Weltkarte mit den Kontinenten Europa, Asien, Afrika, gezeichnet in St.Gallen nach 850. «Etymologiae» Isidors von Sevilla. *Cod. Sang. 236.*

3
Für den Unterricht in Geometrie standen besondere, mit geometrischen Figuren illustrierte Handschriften zur Verfügung. Hier das Beispiel Punkt, gerade und krumme Linie, Dreieck, Kreis, Quadrat, Kugel, Würfel etc. *Cod. Sang. 830.*

4
Notker Balbulus als Lehrer der freien Künste. Darstellung des 17. Jahrhunderts aus dem Notker-Gruppenstich von Wolfgang Kilian.

B 4.1

B 4.2

4 Astronomie, Medizin

Die Handschriften zur Astronomie vermitteln Wissen und Gelehrsamkeit des Altertums und kopieren in ihren Illustrationen antike Vorlagen. Die Medizin spielte weniger im Lehrbetrieb als in der Praxis eine Rolle. Verschiedene medizinische Texte sind in St.Gallen in mittelalterlichen Handschriften erhalten geblieben.

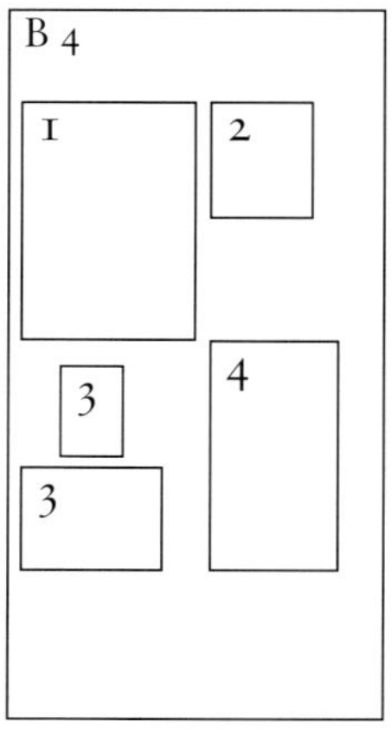

1
Mönch mit Sehrohr. 11. Jahrhundert. *Cod. Sang. 18.*

2
Die astronomischen Tierkreiszeichen. Darstellung in einer der beiden St. Galler Aratos-Handschriften für den Schulgebrauch. Um 1000 in St.Gallen geschrieben. *Cod. Sang. 250.*

3
Der Text der «Phaenomena» des Aratos ist illustriert mit Federzeichnungen der Sternbilder, hier Herkules, Skorpion, Bootes, Jungfrau, Waage. *Cod. Sang. 250.*

4
Beispiel der medizingeschichtlichen Sanktgaller Überlieferung. Von einem wandernden Arzt aus Oberitalien nach St.Gallen importierte Handschrift des 9. Jahrhunderts mit medizinischen Rezepten. *Cod. Sang. 217.*

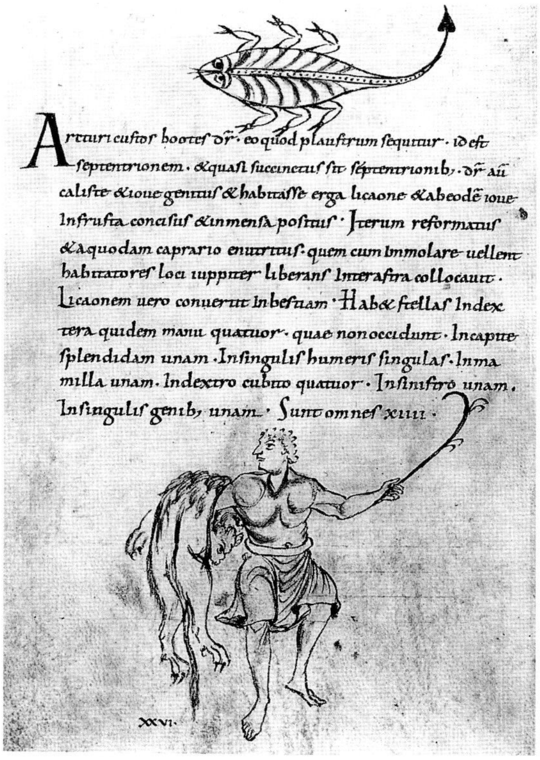

B 4.3

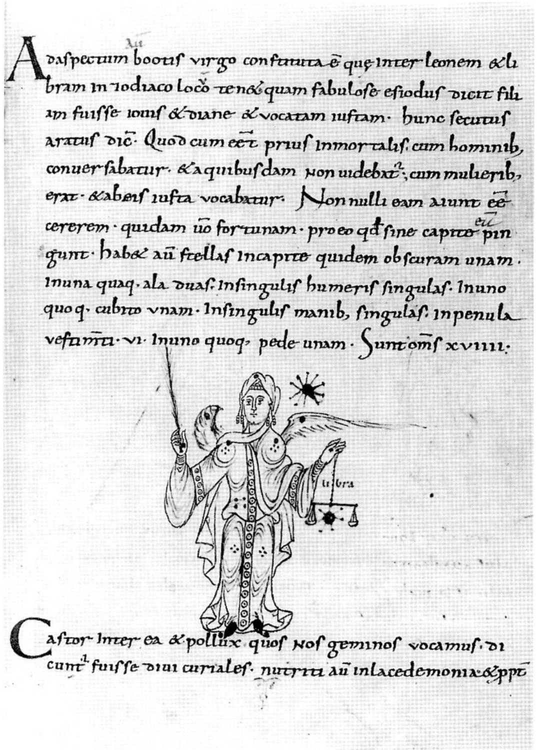

B 4.3

5 Musik

Der Musik maß man im hochmittelalterlichen Kloster St.Gallen besondere Bedeutung zu, diente sie doch vornehmlich dem Gottesdienst, der wichtigsten Aufgabe und dem Zentrum des benediktinischen Mönchslebens. Eine große Zahl von Handschriften bezeugt die intensive Pflege der Musik im Galluskloster. Bekannt wurde St.Gallen durch seine Neumen (mittelalterliches Musiknotensystem), die eine große Bedeutung bekamen und fast im ganzen Abendland Verbreitung fanden. Auch in der Renaissance und im Barock wurde der teils mehrstimmige Gesang im Gottesdienst besonders gepflegt.

1
Papst Gregor der Große, inspiriert von der Taube des Heiligen Geistes, diktiert dem Schreiber Johannes Diaconus seine Gesänge, die dieser in der Neumenkurzschrift zu Pergament bringt. Autor- und Scriptorbild im Antiphonarium von Hartker. Um 1000. *Cod. Sang. 390.*

2
Der Schreiber Luitherus widmet sein Buch dem Klostergründer Gallus. Der Alleluja-Text ist mit Neumen versehen. Antiphonar (liturgisches Kirchengesangbuch) des 12. Jahrhunderts mit linienlosen Neumen. *Cod. Sang. 375.*

3
Einzelblatt eines Chorbuches aus der Zeit von Abt Franz Gaisberg (1504–1529) mit Darstellung der Grablegung Christi. Unten das Wappen des Abtes. *Cod. Sang. 533.*

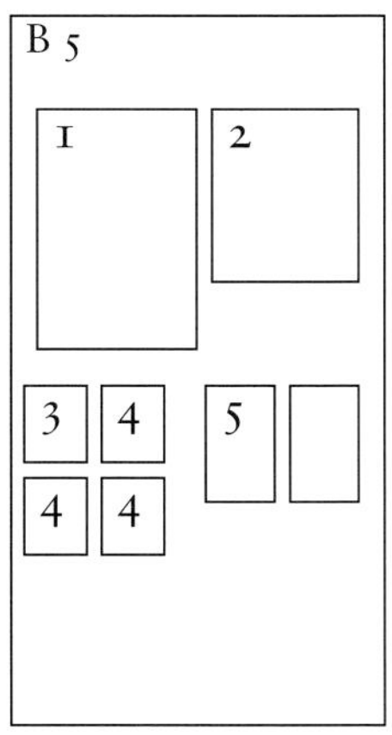

B 6.5

B 5.2

4
In der Renaissance erreichte die Buchmalerei des Klosters St.Gallen eine neue Blüte. Deren Erzeugnisse dienten vor allem dem Gottesdienst. Darunter finden sich bedeutende kirchenmusikalische Handschriften, etwa von Kaspar Härtli mit Noten von M. Barbarini für Chor, Orgel, Baß, Alt etc. 1562. *Cod. Sang. 542.*

5
Im 18. Jahrhundert entstanden für den Gottesdienst ebenfalls von Hand geschriebene großformatige Chorbücher, wobei man sich jedoch häufig Schablonen bediente. Antiphonar-Seiten: Fest des heiligen Gallus, am 16. Oktober, kalligraphiert von P. Martin ab Iberg, und Fest des heiligen Otmar, am 16. November, kalligraphiert von P. Dominik Feustlin. *Codd. Sangg. 1761 und 1795.*

6 Von der Bibel zur Gottesgelehrsamkeit

Das Christentum ist eine Buchreligion, das Mönchsleben ohne das Buch nicht vorstellbar. Ausgangspunkt jeglicher wissenschaftlicher Betätigung war das Wort Gottes, das in der Bibel festgehalten war, deshalb die große Bedeutung eines korrekten Bibeltextes. Noch war die Theologie mehr Meditation, «lectio divina», im Rahmen des Mönchslebens als eigentliche Wissenschaft. Erst die Scholastik des Hochmittelalters versuchte eine wissenschaftliche Theologie, die nicht mehr bloß auf den Texten der Kirchenväter, sondern auch auf der griechischen Philosophie fußte.

1
Der vollständige Text der Bibel stand in St.Gallen etwa in einer sogenannten turonischen Vollbibel aus dem frühen 9. Jahrhundert zur Verfügung. Das großformatige Manuskriptwerk wurde in Tours geschrieben, dem Zentrum der karolingischen Bibelproduktion. *Cod. Sang. 75.*

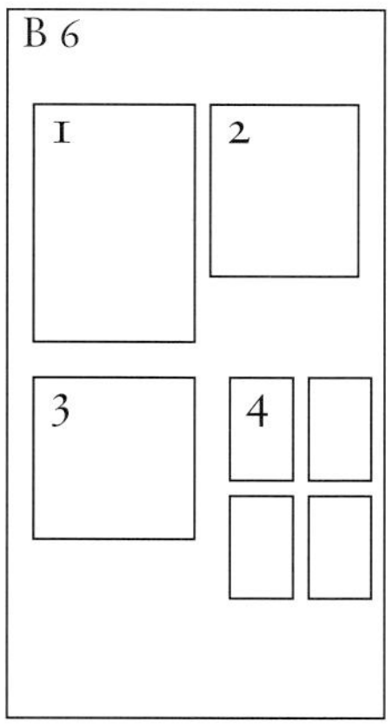

2
In einem von irischer Hand geschriebenen Manuskript stand auch eine griechisch-lateinische Version der Bibel in der Bibliothek zum Studium und zur Lektüre bereit. 9. Jahrhundert. *Cod. Sang. 48.*

3
Zudem gab es in St.Gallen für verschiedene Spezialtexte der Bibel eigene Handschriften. Besonders die alttestamentlichen Psalmen, die Grundlage des gemeinsamen Chorgebets, wurden immer wieder abgeschrieben. 9. Jahrhundert. *Cod. Sang. 15.*

4
Die Krone der Wissenschaften waren auch im barocken Schulbetrieb die theologischen Disziplinen. Ein eigenes siebenbändiges sanktgallisches Lehrmittel der Theologie stand im scholastisch geprägten «Cursus Theologicus» zur Verfügung, der in erster Auflage 1666–1669 erschien.

5
Dedikationsbild im Antiphonarium von Hartker: Der St.Galler Mönch Hartker überreicht dem heiligen Gallus sein Buch. Um 1000. *Cod. Sang. 390.*

C 1.1

C Schriftlichkeit und Schreiber

1 Schreiben als Mönchsarbeit

Tres digiti scribunt totum corpusque laborat. Drei Finger schreiben und der ganze Leib arbeitet. So lautet der bekannteste Schreiberspruch des lateinischen Mittelalters. Mit ihm meldet sich der Schreiber zu Wort, dessen Arbeit meist so namenlos und fast immer so schwer und notwendig war wie die des Pflügens und des Säens.

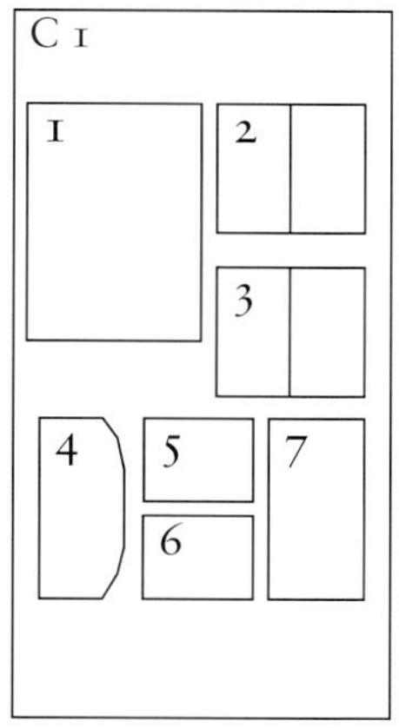

1
Notker Balbulus, der Dichter, schreibt mit einem Federkiel die Sequenz «Sancti spiritus assit nobis gratia», rechts von ihm das Tintenfaß. Zum Korrigieren von Fehlern hält er in der Rechten das Schabmesser. Ca. 1025. *Biblioteka Jagiellońska, Krakau, ehemals Berlin, Cod. theol. quart. 11.*

2
Die individuellen Schriftzüge der St.Galler Mönche finden sich für das 9./10. Jahrhundert schön in den eigenhändigen Einträgen der Gelübde im Profeßbuch. *Stiftsarchiv St.Gallen, Profeßbuch.*

3
Unter Abt Grimald hat das sanktgallische Skriptorium einen ersten Höhepunkt erreicht. Große Corpora von Büchern wurden in Angriff genommen, so die «Enarrationes in psalmos» Augustins in sechs Bänden (Codd. Sangg. 162–166; der sechste Band fehlt) und Cassiodors Psalmenkommentar in drei Bänden (Codd. Sangg. 200–202). *Cod. Sang. 162.*

4
Beispiel einer frühen Sanktgaller Schrift. Von Winithar im Jahre 761 geschriebene Urkunde. In der siebten Zeile von unten nennt sich der Schreiber «Ego Uuinitharius». *Stiftsarchiv St.Gallen.*

5
Beispiel der Wolfcoz-Minuskel. Nach 820. *Zentralbibliothek Zürich, Cod. C 12.*

6
Eigenhändige Schenkungsnotiz von Abt Hartmut (872–883) von St.Gallen. Karolingische Minuskel im «Hartmut-Stil». *Cod. Sang. 46.*

7
Auch Griechisches wurde in St.Gallen geschrieben oder überliefert. Abendländische griechische Unziale mit interlinearer irischer Minuskel. Um 850.
Cod. Sang. 48.

8
Beispiel einer frühmittelalterlichen Schenkungsurkunde: Freddo schenkt dem Kloster St.Gallen seinen Besitz zu Gossau SG. 26. Oktober 824. *Stiftsarchiv St.Gallen.*

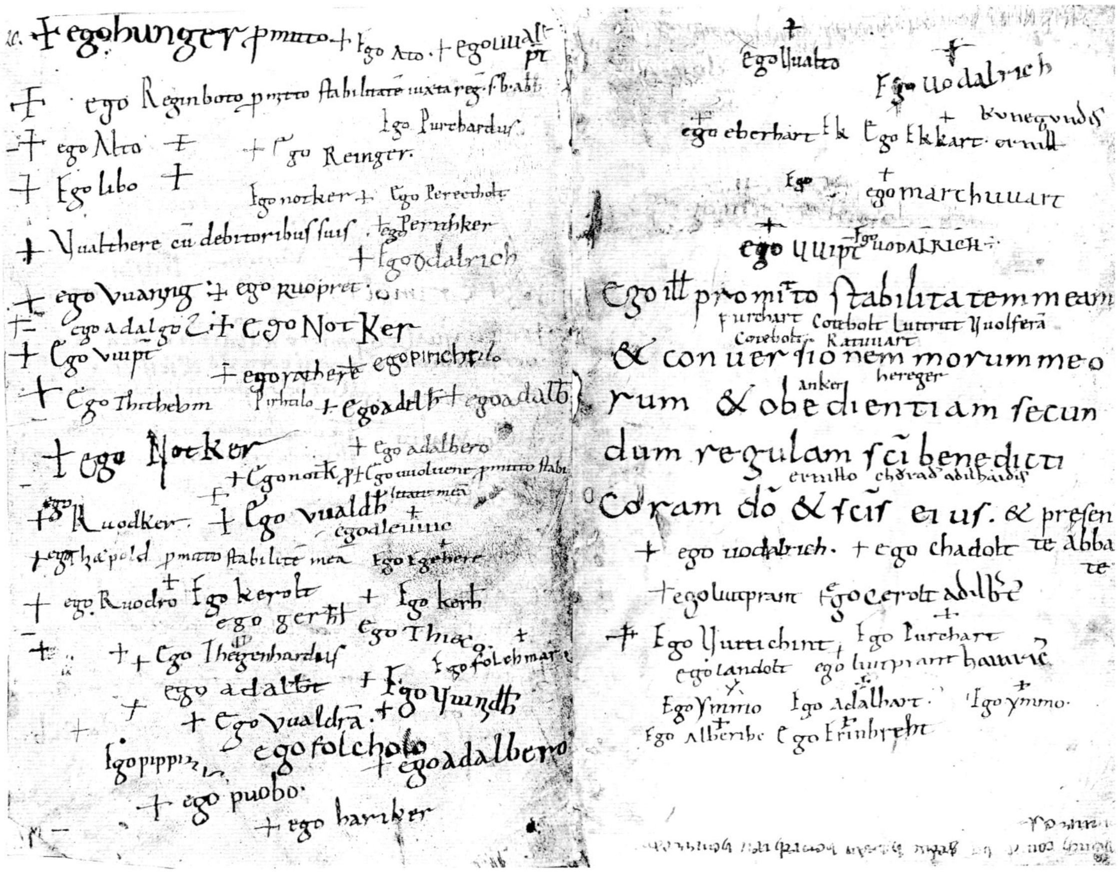

C 1.2

2 Schreiben, eine Kunst

St.Gallen ist eine Schreibstätte, die während des Mittelalters quantitativ und qualitativ Hervorragendes geleistet hat. In der gut erhaltenen Überlieferung lassen sich mehrere aufeinanderfolgende Schreibstile beobachten. Eine für die Karolingerzeit einmalige Urkundenüberlieferung, an der auch die Buchschreiber in erheblichem Maß mitgewirkt haben, begleitet die Geschichte der Buchschrift. Deutlich tritt in St.Gallen die Verbindung von Schreibstilen und Abbatiaten hervor.

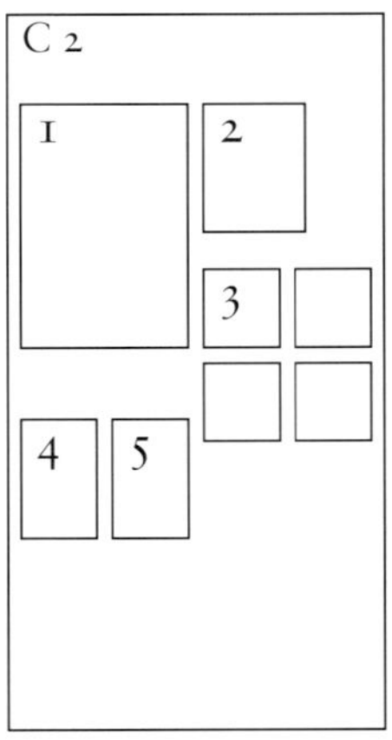

1
Der Schreiber Eberhard überreicht dem heiligen Gallus das vollendete Buch, links Papst Gregor der Große, bekannter mittelalterlicher Autor, als Schreiber eines Buches. *Kantonsbibliothek (Vadiana), St.Gallen, Cod. 292.*

2
Das um 900 entstandene «Evangelium longum», nach seinem länglichen Format so benannt, nimmt aus dem Stil des frühen 9. Jahrhunderts die zu einer Zeile zusammengestellten Initialen auf und ordnet sie in der karolingischen Schrifthierarchie zwischen Initiale und Capitalis quadrata ein (weitere Stufen: Unziale, Capitalis rustica, Minuskel). Die Initiale C der abgebildeten Seite 11 des Codex ist nach Ekkehart IV. von Salomon III. kalligraphiert. *Cod. Sang. 53.*

3
Beispiele von späteren Tierinitialen in St.Galler Codices. 9. Jahrhundert. *Cod. Sang. 54 und 342.*

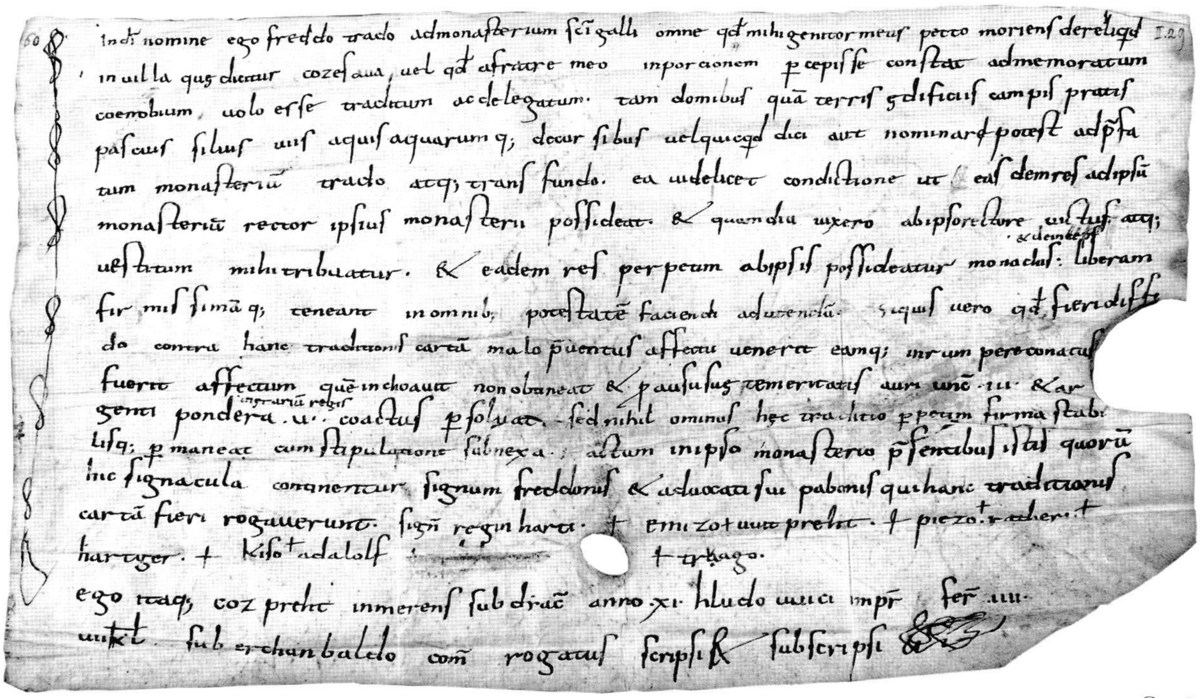

C 1.8

4
Schräger Schriftstil des ausgehenden 11. Jahrhunderts. Karolingische Minuskel des Herimannus. Eine für St.Gallen typische Verbindung der Buchstaben -rt-, die weit zurückverfolgt werden kann, steht auf Zeile 6. *Cod. Sang. 560.*

5
«Antiphonarium Hartkeri», 980–1011. Mit R- und A-Initiale. Folge der Hierarchie der Schriftarten: Capitalis quadrata (A), Unziale (E), gemischte Majuskel, Capitalis rustica, karolingische Minuskel. *Cod. Sang. 390.*

Übersicht über die frühe St.Galler Schriftgeschichte

Äbte		*Schreibstile*	*Schreiber*
Abtbischof Johannes	(760–782)	frühe Minuskel	Winithar
		↓	
Abt Gozbert	(816–837)	alemannische Minuskel	Wolfcoz
		↓	
Abt Grimald	(841–872)	mittlere karolingische Minuskel	
		↓	
Abt Hartmut	(872–883)	«Hartmutminuskel»	Hartmut
		↓	
Abtbischof Salomon	(890–919)	dekorativ fortentwickelte «Hartmutminuskel»	

3 Die Schreibstube

Die Bibliothek auf dem St.Galler Klosterplan von ca. 825 schließt an das Chor der Kirche an und bildet das linke Pendant zur Sakristei. Im ersten Stock sind die Bücher untergebracht, im Untergeschoß liegt die eigentliche Schreibstube mit den «sedes scribentium», den Pulten für die Schreibenden.

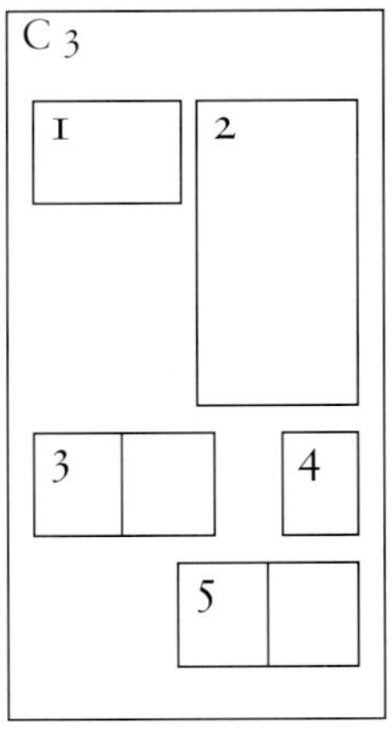

1
«Die Schreibstube (scriptorium) unten, die Bibliothek (bibliotheca) oben».
Cod. Sang. 1092.

2
Der Evangelist Markus als Schreiber und Verfasser seines Evangeliums. Autorenbild 9. Jh. *Stiftsbibliothek Einsiedeln, Cod. Eins. 17.*

3
Sanktgallische Schriftbeispiele aus der Zeit von 1200. Anfänge eines neuen, «gotischen» Stils. *Cod. Sang. 615.*

4
Q-Initiale des 10. Jahrhunderts. *Bayer. Staatsbibl. München, Clm. 11019.*

5
Schrift des Leonhard Wagner, Notkers Ostersequenz «Laudes salvatoris» von 1510 (deutsche Frakturschrift). Initiale mit der Erscheinung des Auferstandenen vor Maria Magdalena. Unten Wappen von Abt Franz Gaisberg (1504–1529). *Staatsarchiv Zürich, W3 AG18.*

Schreiberverse

Sic est scriptori novissimus versus
quomodo naviganti novissimus portus.
So dünkt den Schreiber das letzte Wort
wie den Schiffer der nächste Port.

O scriptor, cessa,
manus est tibi fessa.
O Schreiber, setz ein Ende,
erschlafft sind dir die Hände.

Qui me scribebat,
R nomen habebat.
Der mich geschrieben hat,
den Namen R getragen hat.

Qui dedit alpha et o,
sit laus et gloria Christo.
Der anfangen half und enden,
dem Christus will Lob ich spenden.

Libro completo
saltat scriptor pede leto.
Ist das Buch zu End' gebracht
der Schreiber einen Freudsprung macht.

Finito libro
sit laus et gloria Christo.
Ist das Buch beendet,
sei Christus Lob gespendet.

Laus tibi sit, Christe,
quoniam liber explicit iste.
Christus, Lob sei Dir,
weil das Buch endet hier.

4 Die Bibliothek

Die St.Galler Stiftsbibliothek – das Rokoko-Portal trägt die Überschrift «Psychès iatreíon», Seelenapotheke, – bewahrt bis heute einen unvergleichlichen autochthonen Bestand von karolingischen Büchern auf, genau wie das St.Galler Stiftsarchiv Urkunden jener frühen Jahrhunderte. Darunter befindet sich auch eine Anzahl sogenannter «libri scottice scripti», irischer Handschriften.

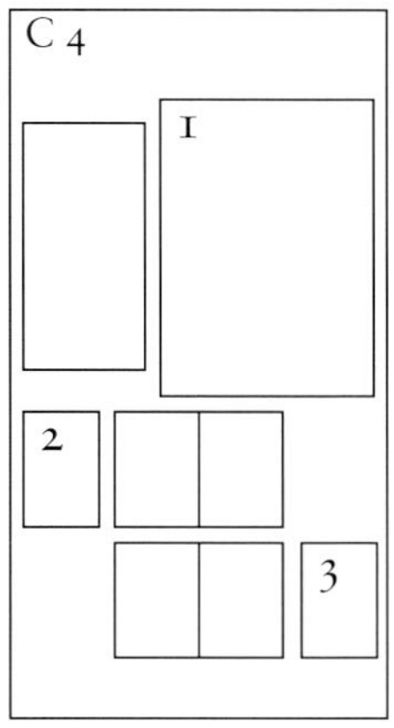

1
Mit Intarsien reich verzierte Rokokoschränke des 18. Jahrhunderts verwahren in der Handschriftenkammer das kostbare Erbe.

2
Im Katalog aus der zweiten Hälfte des 9. Jahrhunderts ist eine große Anzahl solcher Handschriften systematisch zusammengestellt worden. Der Katalog ist in verschiedene Kategorien gegliedert, worunter die damaligen Bücher der Bibliothek aufgelistet werden:

1. Alttestamentliche Bücher
2. Neutestamentliche Bücher
3. Gesetzesbücher
4. Glossarbücher
5. Grammatik
6. Künste (etc.).

3
Die irischen Manuskripte sind separat verzeichnet. *Cod. Sang. 728.*

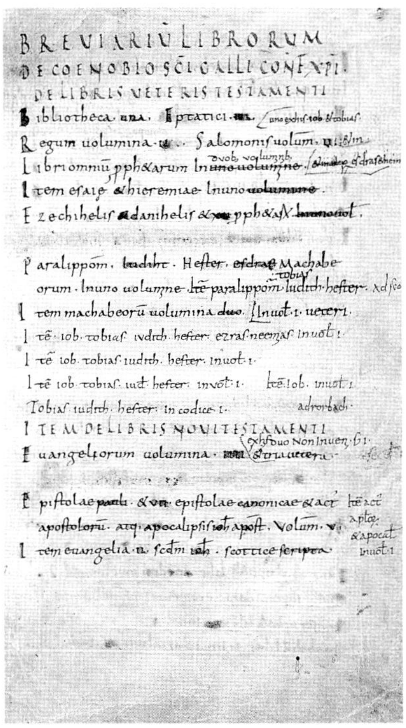
BREVIARIU LIBRORUM
DE COENOBIO SCI GALLI CONFXPI
DE LIBRIS VETERIS TESTAMENTI

C 4.2

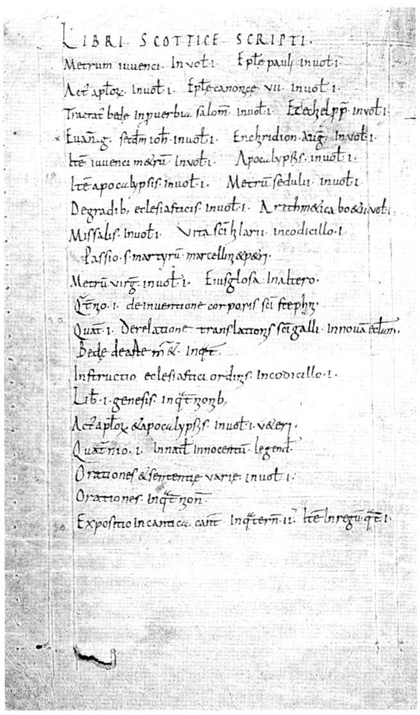
LIBRI SCOTTICE SCRIPTI

C 4.3

CUM GALLO PARTEM QUISQUIS HABERE UELIT :·
V ID
GLO RIA
RIS IN
MA LITIA
QUI POTENS ES IN

D 6.3

D Die Buchkunst

1 Irische Handschriften in St.Gallen I

Irische Mönche brachten im 9. Jahrhundert eine Anzahl insularer Manuskripte in das Galluskloster. Darunter befinden sich für die irisch-angelsächsische Buchmalerei bedeutende bildliche Darstellungen. Teilweise kamen auch noch später irische Handschriften nach St.Gallen, so daß sie gesamthaft zeitlich das 7. bis 12. Jahrhundert berühren. Es handelt sich um 15 Handschriften, wobei einzelne bloß fragmentarisch überliefert sind.

1
Der Evangelist Matthäus. Um 750. *Cod. Sang. 51, S. 2.*
Initialseite des Matthäusevangeliums. *Cod. Sang. 51, S. 3.*

2
Kreuztafel. *Cod. Sang. 51, S. 6.*
Initialseite Matthäus I, 18. *Cod. Sang. 51, S. 7.*

3
Schriftseiten: Lukas I, 66 – II, 4. *Cod. Sang. 51, S. 134f.*

4
Der Evangelist Johannes. *Cod. Sang. 51, S. 208.*
Initialseite des Johannes-Evangeliums. *Cod. Sang. 51, S. 209.*

5
Kreuztafel. Gegen 800. *Cod. Sang. 1395, S. 422.*

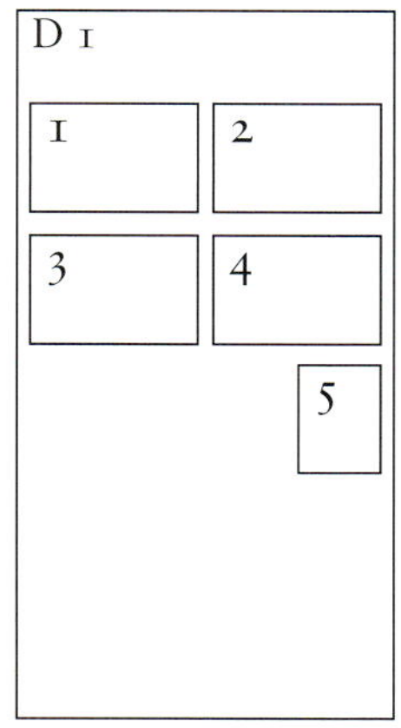

D 1.4

D 1.2

D 2.3

2 Irische Handschriften in St.Gallen II

Neben biblischen und liturgischen Texten ist auch Grammatikalisch-Didaktisches zu finden, was nebenbei den hohen Stellenwert der Wissenschaft im irischen Kulturbereich und in den irischen Klöstern bezeugt. Der größte Teil der Handschriften ist lateinisch abgefaßt, darunter gibt es aber auch griechisch-lateinische Manuskripte sowie solche mit altirischen Glossen. Es sind indes nicht alle Manuskripte in Irland selbst entstanden, einzelne unter ihnen entstammen irischen Kolonien auf dem Festland. St.Gallen ist ihre Bibliotheksheimat geworden.

1
Der Evangelist Markus. *Cod. Sang. 51, S. 78.*
Initialseite des Markus-Evangeliums. *Cod. Sang. 51, S. 79.*

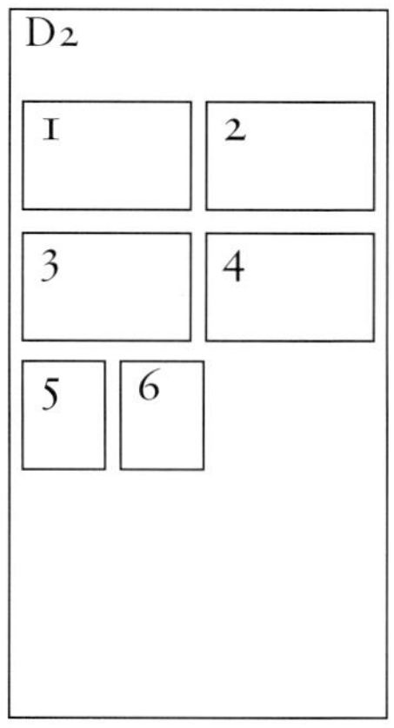

2
Der Evangelist Lukas. *Cod. Sang. 51, S. 128.*
Initialseite des Lukas-Evangeliums. *Cod. Sang. 51, S. 129.*

3
Der Gekreuzigte. *Cod. Sang. 51, S. 266.*
Das Jüngste Gericht. *Cod. Sang. 51, S. 267.*

4
Der Evangelist Johannes. Um 800. *Cod. Sang. 60, S. 4.*
Initialseite des Johannes-Evangeliums. *Cod. Sang. 60, S. 5.*

5
Der Evangelist Matthäus. Gegen 800. *Cod. Sang. 1395, S. 418.*

6
Initialseite «Peccavimus». Nach 750. *Cod. Sang. 1395, S. 426.*

D 3.4

D 3.5

3 Die Anfänge

Die hohe Blüte der St.Galler Buchkunst im Goldenen Zeitalter des 9. und 10. Jahrhunderts hatte eine lange Vorbereitungsphase. So bildete sich ca. 770 um Winithar eine Schreibergruppe, in der ersten Hälfte des 9. Jahrhunderts die Gruppe um Wolfcoz. In den bescheidenen Anfängen, noch in der merowingischen Tradition, wurden die Handschriften häufig mit einfachen Initialen verziert, selten auch mit schlichten Federzeichnungen geschmückt.

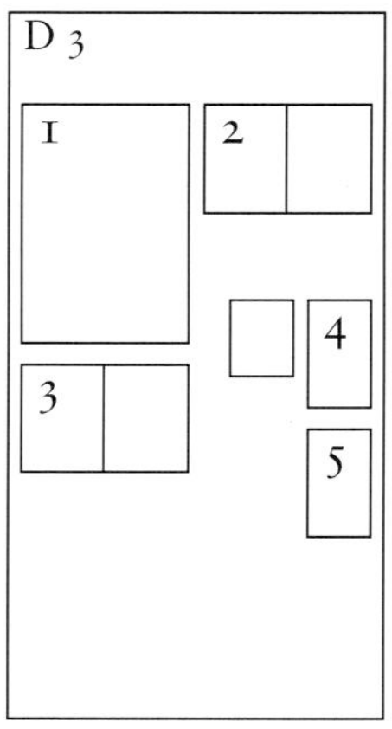

1
König David vor dem Propheten Nathan. Illustration zum 50. Psalm im Psalterium der Wolfcoz-Schule. Nach 820. *Zentralbibliothek Zürich, Cod. C 12.*

2
Der Apostel Paulus. Text aus Paulusbriefen. 1. Hälfte des 9. Jahrhunderts. *Württ. Landesbibliothek Stuttgart, Cod. II 54.*

3
In Arkaden eingestellte Namenkolumnen aus dem St.Galler Verbrüderungsbuch. Die Handschrift, nach 800 angelegt, zeigt eine frühe, erste, noch merowingisch beeinflußte Phase der St.Galler Buchillustration, wobei farblich der Akkord Orange–Hellgrün dominiert. *Stiftsarchiv St.Gallen.*

4
Immer wieder wurde die Q-Initiale neu entworfen, anders gestaltet. Sie diente mehrfach zur Verzierung des Anfangs von Psalm 51: «Q(uid gloriaris ...)». Auch bei diesem Buchstaben zeigt sich die Variationsbreite sanktgallischer Initialkunst. Um 835. *Cod. Sang. 20.*

5
Q-Initiale. 2. Viertel des 9. Jahrhunderts. *Kantonsbibliothek (Vadiana) St.Gallen, Cod. 292.*

4 Die Initialkunst

St.Gallens Buchkunst ist charakterisiert durch eine reiche Formenwelt der Initialen, die in der zweiten Hälfte des 9. Jahrhunderts ihre Vollkommenheit erreichte. Verschiedene Codices, die außer in der St.Galler Stiftsbibliothek in der Vadiana in St.Gallen, in Genf und an weiteren Orten liegen, bezeugen und dokumentieren die allmähliche Entwicklung zur höchsten Blüte.

1
Die Initialzierseite wurde in St.Gallen besonders gepflegt. Lektionar aus der Wolfcoz-Schule. Erste Hälfte des 9. Jahrhunderts. *Cod. Sang. 367.*

2
Einen absoluten Höhepunkt sanktgallischer Buchkunst bedeutet das in die Zeit um 900 zu datierende, heute in Genf liegende Epistolar, das mit Initialzierseiten und Gold- und Silberinitialen reich geschmückt ist. Häufig sind die charakteristischen Hunds- und Vogelköpfe zu sehen, ein Leitmotiv sanktgallischer Buchillumination und -dekoration des 9. Jahrhunderts. *Bibliothèque publique et universitaire Genf, Cod. 37a.*

3
Initialen des St.Galler «Goldenen Zeitalters». Hier finden sich verschnörkelte Hundsköpfe und andere Tierköpfe, ein Dekorationselement, das aus der insularen Kulturtradition stammt, aber in St.Gallen unabhängig weiterentwickelt wurde. *Cod. Sang. 20.*

D 4.7

D 4.4

D 4.5

D 4.5

4
D-Initiale. Erste Hälfte 9. Jahrhundert. *Cod. Sang. 367.*

5
Weitere D-Initialen des 9. Jahrhunderts. Sie zeigen die kreative Variationsbreite sanktgallischer Initialkunst des 9. Jahrhunderts. *Österreichische Nationalbibliothek Wien, Cod. 1815.*

6
Die aus Fischleibern zusammengesetzten Initialen, hier ein E, stehen in alter sanktgallischer Tradition. Beispiel aus dem Genfer Epistolar. Um 900. *Bibliothèque publique et universitaire Genf, Cod. 37a.*

7
D-Initiale des Genfer Epistolars. Um 900. *Bibliothèque publique et universitaire Genf, Cod. 37a.*

5 Der Folchart-Psalter I

Der Psalter gehört zu den seltenen datierbaren Bilderhandschriften der Abtei. Die Regierungszeit des Abtes Hartmut (872–883) setzt den zeitlichen Rahmen. Er wurzelt in der spätantiken Tradition der Codices purpurei. Das Pergament wurde allerdings nicht in einem Purpurbad getränkt, die Flächen sind mit Ersatzpurpur, dem hierzulande gebräuchlichen Folium, gemalt.

1
Litaneibögen.
Beginn der Allerheiligenlitanei mit dem Kyrie. In den Lunetten vermutlich die zwölf Apostel in Halbfigur. *Cod. Sang. 23.*

2
In den Lunetten: König David als schreibender Autor. *S. 9.*

3
In den Lunetten: König David empfängt die Harfe. – Rückführung der Bundeslade nach Jerusalem. *S. 12.*

6 Der Folchart-Psalter II

Die Handschrift verdankt ihren Ruhm weniger der Arkadenreihe der Allerheiligenlitanei als vielmehr den ganzseitigen, prunkvoll ausgestatteten Doppelzierseiten. Die Wirkung der ausgemalten Doppelseiten, monumental angelegte Diptychen, verschlägt dem Betrachter den Atem. Mit der dritten Doppelseite 134/135 zeichneten die Buchmaler den 51. Psalm, den Beginn des zweiten Drittels des Psalters, aus. Die Inschrift oben lautet:

«Keiner soll mir das Buch von seinem Orte verschleppen,
wünscht er mit Vater Gall Teil an der Seligkeit.»

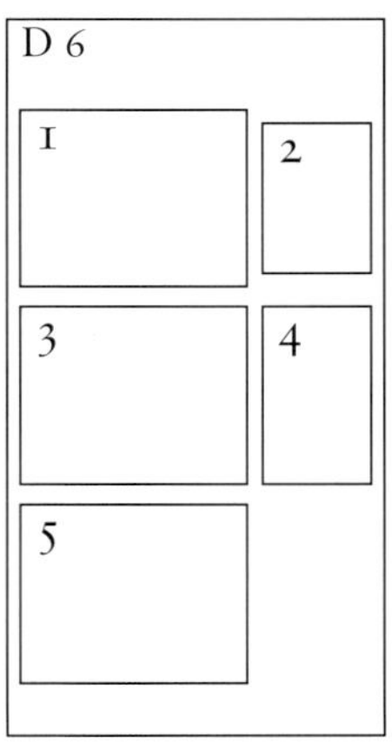

1
Initialzierseiten zum ersten Psalm mit B-Initiale: «B(eatus vir qui ...)». *S. 30/31.*

2
I-Initiale aus einem Evangeliar von Lindau. 9. Jahrhundert. *The Pierpont Morgan Library New York, M. 1.*

N XPI IN TER
NOMIN PRETV
INCIPIT EMEN
PSAL DATVM
TERIV A SCO
DE TRANS HIERO
LATIONE NIMO
SEPTVA PRBO IN
GINA NOVO
E
A
TVS
VI
R
Q
VI

D 6.1

NE
E
XA
V
DI
ORA
TIONEM MEAM ET
CLAMOR MEUS AD TE UENIAT

D 6.5

NITIUM
EVANGELII
IHV XPI FILII DI
SICUT SCRI
PTUM EST IN
ESAIA PROPH
ECCE MITTO
ANGELUM MEV

D 6.2

3
Initialzierseiten zum 51. Psalm mit Q-Initiale: «Q(uid gloriaris in malitia, qui potens es iniquitate?)». *S. 134/135.*

Diese Seiten sollten die vielerorts übliche Dreiteilung des Psalters durch die Hervorhebung des 1., 51. und 101. Psalms verdeutlichen. Größter Aufwand wurde für die Ausgestaltung des großen «Q» als Anfang des 51. Psalms verwendet, jenes «Quid gloriaris in malitia qui potens es iniquitate?» (Was brüstest Du Dich in Deiner Verworfenheit, Du ruchloser Mann der Gewalt?). In der Q-Initiale wird der Buchstabe zum Monument. Das Flechtwerk, das ihn füllt, stützt sich auf ein Paar veritabler Füße, um seine Monumentalität zu erhöhen, obgleich der Buchstabe «Q» nur eines einzigen bedarf. Der Rahmen hebt seine Würde hervor. Dieses Spätwerk der karolingischen Ornamentkunst war ein Ausgangspunkt für die ottonische. (Wolfgang Braunfels, Die Kunst im Heiligen Römischen Reich, Bd.6, München 1989.)

4
Eine Textseite: 9. Psalm. *S. 45.*

5
Initialzierseiten zum 101. Psalm mit D-Initiale: «D(omine exaudi orationem meam ...)». *S. 236/237.*

7 Der Goldene Psalter I

Im Goldenen Psalter von St.Gallen (um 900) wurde eine Abfolge von Bildern geschaffen, die nur aus dem zyklischen Bildverständnis zu entschlüsseln ist. Er steht für den glanzvollen Höhepunkt der sanktgallischen Klosterkultur unter Abt Salomon III. (890–919), der erst wieder mit dem barocken Neubau von Kirche und Stiftsbibliothek erreicht werden wird.

Szenen des Davidslebens aus dem Goldenen Psalter. *Cod. Sang. 22.*

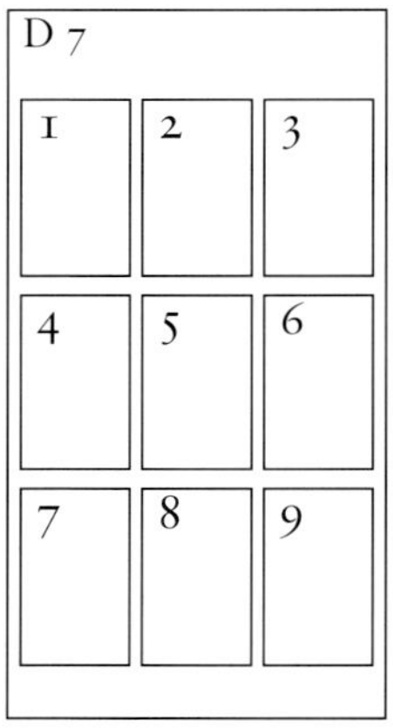

1
Zweites Frontispiz: Hieronymus. *S. 14.*

2
Erstes Frontispiz: König David, umgeben von Musikanten und Tänzern. *S. 2.*
Den musizierenden David umgeben im ersten Bild seine Mitpsalmisten als Musiker und Tänzer inmitten einer prunkvollen Architektur, angeregt vom Bau der damals noch jungen Klosterkirche. Der Purpurgrund bietet Fläche für Musik und Tanz. Höchste Ansprüche sind in diesem Bild formuliert.

3
Erstes Psalmenbild: König David mit seinen Getreuen. *S. 39.*

4
Viertes Psalmenbild: Weihe der Stiftshütte. *S. 66.*

5
Fünftes Psalmenbild: David vor Achis. *S. 75.*

6
Sechstes Psalmenbild: Doeg vor Saul. *S. 122.*

7
Neuntes Psalmenbild (2. Teil): Aufmarsch von Joabs Soldaten. *S. 140.*

8
Neuntes Psalmenbild (3. und 4. Teil): Kampf gegen die Syrer. *S. 141.*

9
Zehntes Psalmenbild: David in der Wüste. *S. 147.*

D 7.2

D 7.1

D 8.5

D 7.7

8 Der Goldene Psalter II

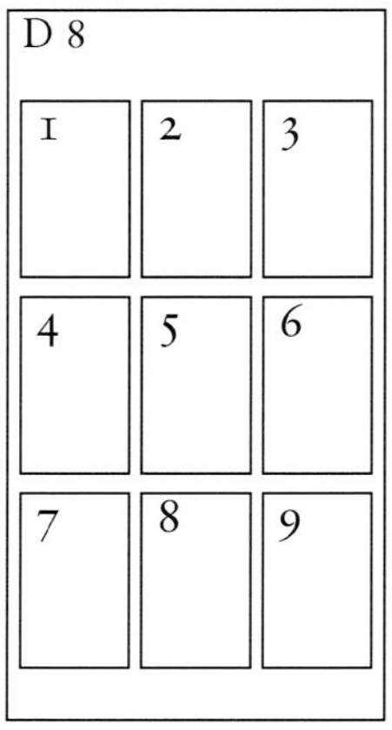

1
Zweites Psalmenbild: Samuel salbt David. *S. 59.*

2
Drittes Psalmenbild (1. Teil): Die Bundeslade. *S. 63.*

3
Drittes Psalmenbild (2. Teil): Der Bau der Stiftshütte. *S. 64.*

4
Siebentes Psalmenbild: David flieht vor Saul. *S. 132.*

5
Achtes Psalmenbild: David bei Michal. *S. 136.*

6
Neuntes Psalmenbild (1. Teil): David und Joab. *S. 139.*

7
Elftes Psalmenbild: Jeremias und Ezechiel. *S. 150.*

8
Zwölftes Psalmenbild: König David in S-Initiale. *S. 160.*

9
Schriftseite mit Q-Initiale. *S. 53.*

9 Ausklang des Goldenen Zeitalters

Ein letztes großes Werk ist im «Evangelium longum», einem Evangelistar mit sämtlichen Evangelienlesungen des Kirchenjahres, um 895 entstanden, zu sehen. Daneben ist außer dem Genfer Epistolar, Cod. 37a, für das 10. Jahrhundert auch die wahrscheinlich von einer Frau namens Gundis (Kunegundis) gestiftete Handschrift, das Gundis-Evangelistar, Cod. Sang. 54, mit zahlreichen goldenen und silbernen Initialen, teils mit pflanzlichen und tierischen Motiven verziert, anzuführen.

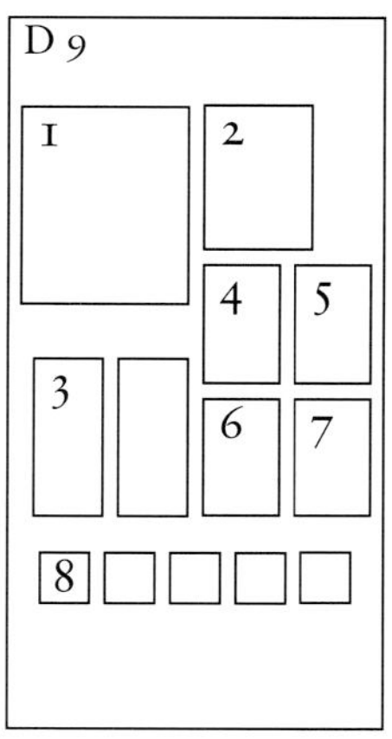

1
Das «Evangelium longum», berühmt durch seine oblongen Elfenbeindeckel – wegen deren länglicher Gestalt handelt es sich auch beim Pergamentblock um ein Hochformat – stellt einen Höhepunkt sanktgallischer Buchkunst dar. Es ist vom kunstsinnigen Mönch Sintram kalligraphiert worden. Abtbischof Salomon soll persönlich das L und C illuminiert haben. Der Beginn des Matthäusevangeliums ist reichstens geschmückt mit einer I- und einer L-Initiale. *Cod. Sang. 53.*

2
L-Initiale des ausklingenden Goldenen Zeitalters. *Bayer. Staatsbibliothek München, Clm. 22311.*

3
Die späte Phase des Goldenen Zeitalters zeigt gleichsam eine barocke Tendenz in der Buchmalerei, aber auch eine Weiterentwicklung und Variation der vorausgehenden hohen Leistungen. Das schönste Beispiel bietet ein Einsiedler Evangeliar mit seinen üppigen Initialen (z. B. I und L). Nach 900. *Cod. Einsidlensis 17.*

4
P-Initiale. Nach 850. Die Handschrift gehört zur achtbändigen Hartmut-Bibel. *Cod. Sang. 77.*

NEX
ORTV
SCEGE
NITRI
CISD
MARIAE
INITIV
SCI EUANG
SCDM MATHEV
LIBER
GENERA
TIONIS IHV
XPI FILII
DAVID FILII
ABRAHAM
ABRAHAM

D 9.1

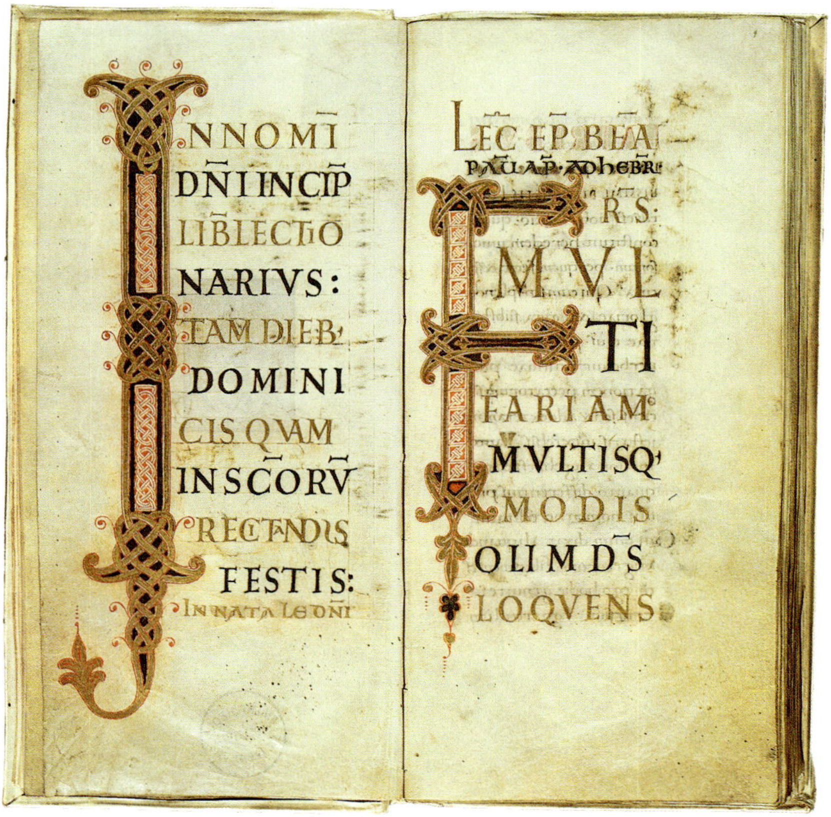
NNOMI
DNI INCIP
LIBLECTIO
NARIUS:
TAM DIEB
DOMINI
CIS QUAM
INSCORV
RECTNDIS
FESTIS:
MVL
TI
FARIAM
MVLTISQ
MODIS
OLIM DS
LOQVENS

D 4.2

D 9.8

5
Zum Vergleich P-Initialen aus der Grimald-Zeit (841–872). Band der Hartmut-Bibel (Paulusbriefe, Buch der Könige). Nach 850. *Cod. Sang. 83.*

6
P-Initiale in einem Epistolar von St.Gallen. Zweite Hälfte des 9. Jahrhunderts. *The Pierpont Morgan Library New York, M. 91.*

7
P-Initiale. *Cod. Sang. 83.*

8
Die Darstellung Christi und die Autorenbilder der vier Evangelisten Matthäus, Markus, Lukas, Johannes sind mit Gold und Silber unterlegt.
Stiftsbibliothek Einsiedeln, Cod. Eins. 17.

D 10.3

D 10.3

10 Die weitere Entwicklung

Bereits vor 900 erreichte St.Gallen in der Illustration von Kopien antiker astrologischer Handschriften des Aratos («Aratea») und später auch mit der «Psychomachia» des Prudentius eine besondere Qualität der Federzeichnung. Um 1000 entstand das Antiphonar des Hartker mit zarten Federzeichnungen, um 1050 schufen St.Galler Mönche für den Gottesdienst mehrere prachtvoll illuminierte Gradualien und Sakramentare.

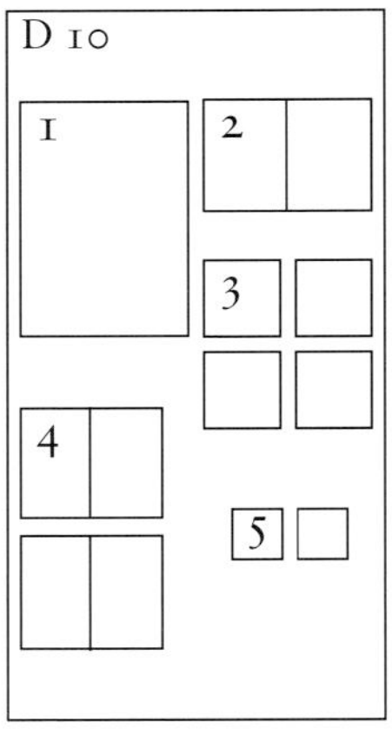

1
Der Tierkreis. Vor 900. *Cod. Sang. 902.*

2
Paulus, vor den Juden und den Heiden predigend. Beginn des Römerbriefs. Erste Hälfte des 10. Jahrhunderts. *Cod. Sang. 64.*

3
Eine Gruppe von Sakramentaren des 11. Jahrhunderts, für den Gottesdienst verwendete Handschriften, zeigt byzantinisch beeinflußte Szenen aus dem Leben Jesu: Geburt Christi, Verkündigung der Hirten, Passion, Ostern und Pfingsten. Hier erreichte die mittelalterliche St.Galler Buchmalerei nochmals eine bemerkenswerte Qualität. Einzelne Codices aus dieser Zeit wurden für Sigebert, Bischof von Minden (1022–1036), hergestellt. *Cod. Sang. 341.*

4
Immer wieder sind Federzeichnungen zu den Sternbildern in den Text der «Aratea» eingestreut, im ganzen 48. Die Beispiele zeigen die Bilder Zwillinge, Krebs und Löwe (oben) sowie Delphin und Sirius (unten). Um 880. *Cod. Sang. 250.*

5
Initialen zur Präfation der Messe. VD-Initiale: «V(ere) D(ignum et iustum est)». *Codd. Sangg. 340, 341.*

11 Die Elfenbeineinbände der Stiftsbibliothek I

Besonders wertvolle Handschriften wurden im Mittelalter oft mit sorgfältig verzierten Elfenbeindeckeln versehen. Auch die Stiftsbibliothek St.Gallen hütet mehrere solcher Kostbarkeiten, deren Entstehungszeit das 6. sowie das 8. und 9. Jahrhundert ist. Das «Evangelium longum», Cod. Sang. 53, und Cod. Sang. 60 sind die hervorragendsten Beispiele.

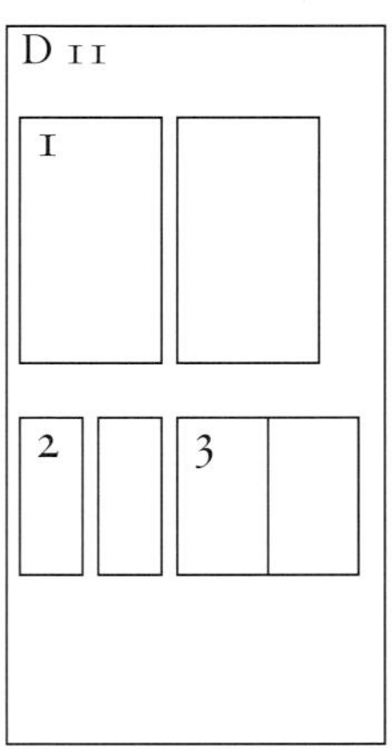

1
Die Tuotilotafeln am «Evangelium longum», Cod. Sang. 53. Ursprünglich handelte es sich um ein Schreibdiptychon, das nach Ekkehart IV. zunächst unbeschnitzt war. Wie die Tafeln an Cod. Sang. 60 gelangten sie 893/94 durch Abtbischof Salomon III. nach St.Gallen. Dieser übergab dem Mönch Tuotilo die beiden Tafeln zum Beschnitzen. In der Folge dienten sie einem Evangelienbuch als Einband. Auf der Vorderseite der Handschrift sehen wir die «Maiestas Domini» mit den Symbolen der Evangelisten sowie den Evangelisten in voller Gestalt beim Schreiben der Evangelien, auf der Rückseite die «Ascensio Mariae», die Himmelfahrt Mariä. Im untern Drittel wird aus der St.Galler Gründungsgeschichte zweimal Gallus mit dem Bären gezeigt; links hilft der Bär Gallus beim Bau seiner Zelle, rechts reicht Gallus dem Bären ein Brot («S. Gallus panem porrigit urso»). Im oberen Drittel ist ein Tierkampf zu sehen, welcher in freier Nachempfindung den Darstellungen der Tafel auf Cod. Sang. 60 entspricht.

D 11.1

D 11.1

D 11.2

2
Elfenbeindiptychon am Johannes-Evangelium, einer irischen Handschrift, Cod. Sang. 60. Es dient indes erst seit dem 18. Jahrhundert diesem Codex als Einband. Aufgrund neuerer Forschungen von Johannes Duft und Rudolf Schnyder (Die Elfenbein-Einbände der Stiftsbibliothek St.Gallen, Beuron 1984) weiß man, daß die beiden Elfenbeintafeln zunächst ein Schreibdiptychon bildeten. Ihre Dekoration entstand um 800, vielleicht in Rom; sie steht unter dem Einfluß der islamisch-persischen Bildwelt. Wahrscheinlich wurde das Diptychon für Karl den Großen anläßlich seiner Kaiserkrönung geschaffen. Nach Ekkehart IV. gelang es um 893/94 Abtbischof Salomon III., die Tafeln aus dem Besitz des Erzbischofs Hatto von Mainz nach St.Gallen zu bringen.

Abtbischof Salomon ließ dem Galluskloster zwei elfenbeinerne Tafeln zukommen; höchst selten sind anderswo Stücke dieser Größe zu sehen, so daß der mit solchen Zähnen ausgerüstete Elefant ein Riese unter seinesgleichen gewesen sein dürfte. Salomon gab sie unserem kunstsinnigen Tuotilo zum Schnitzen (man nennt sie deshalb bis heute Tuotilo-Tafeln). Unseren Sintram aber hieß er ein Evangelium schreiben, das in der Länge und in der Breite diesen Einbandtafeln entsprach. Es ist dies ein Buch und eine Schrift der Art, wie es wohl keine anderen gibt. Denn Sintram, dessen Finger alle Welt diesseits der Alpen bewundert, triumphiert in diesem Werk. Staunenswert ist überhaupt daß ein einziger Mann so vieles geschrieben hat, finden sich doch an den meisten namhaften Orten des Reiches Bücher mit seinen Zügen. Weil seine Schrift erfreulich gerade gerichtet ist, bemerkst du selten, daß auf einer Seite auch nur in einem einzigen Wort eine Unrichtigkeit hätte weggekratzt werden müssen …
Ekkehart IV., «Casus Sancti Galli», 22. Kapitel.

Tuotilo war beredt, von heller Stimme, in der Schnitzerei zierlich und in der Malerei ein Künstler, ein Musiker wie auch seine Genossen, aber auf dem Gebiet aller Saiteninstrumente und Rohrpfeifen allen voran, ein gewandter Bote …, im Bauen und den übrigen Künsten erfolgreich, zum Dichten in beiden Sprachen von Natur aus begabt und geschickt, im Ernst und im Scherz gemütlich in dem Grade, daß unser Kaiser Karl III. einst denjenigen verwünscht hat, der einen Menschen von solcher Anlage zum Mönche gemacht habe.
Ekkehart IV., «Casus Sancti Galli», 34. Kapitel.

3
Auf den Rückseiten läßt sich sehr schön die ursprüngliche Funktion der beiden Tafelpaare als antike Schreibdiptychen bzw. Wachstäfelchen erkennen.

12 Die Elfenbeineinbände der Stiftsbibliothek II

Für das «Evangelium longum» schuf Tuotilo, der kunstgewandte St.Galler Mönch und uomo universale der Zeit um 900, berühmte Elfenbeinreliefs. Als Maler war Tuotilo vielleicht an der Illuminierung des Goldenen Psalters (Cod. Sang. 22) beteiligt, einem weiteren Meisterwerk der St.Galler Malereischule. Die illuminierten Handschriften und die Elfenbeintafeln zeigen, wie sehr sich St.Gallen im Goldenen Zeitalter, im 9. und zu Beginn des 10. Jahrhunderts, künstlerisch auf höchstem Niveau bewegte.

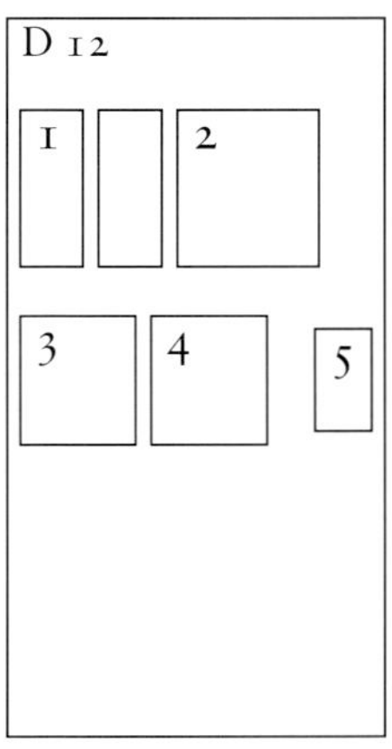

1
Der Elfenbeineinband von Cod. Sang. 359 zeigt Kampfszenen (Krieg des Dionysos gegen die Inder). Die antiken Tafeln sind wohl um 500 in Konstantinopel entstanden. Sie wurden als Deckel des Buchkästchens des um 922–925 geschriebenen Cantatoriums wiederverwendet, das lange als in Rom entstandene Kopie des authentischen Antiphonars Gregors des Großen galt und daher gleichsam als Reliquie auf dem Gesangspult neben dem Apostelaltar aufbewahrt wurde. Das authentische Antiphonar ist heute nicht mehr erhalten.

2
Der aufgeschlagene Cod. Sang. 359 (ca. 922–925), ein Cantatorium. Rechts Introitus zum ersten Adventssonntag mit A-Initiale: «A(d te levavi …)».

3
Cod. Sang. 360 besitzt einen Einband aus Bein in der Form eines Buchkastens, ähnlich wie Cod. Sang. 359. Es handelt sich um ein Kastenbuch von schlichter Ornamentik mit Rankenmotiven. Die Fassung ist teilweise beschädigt und zerstört. Ohne Zweifel hat sich der Künstler aus der St.Galler Werkstatt bei der Dekoration am Diptychon von Cod. Sang. 60 anregen und orientieren lassen. Eine Verwandtschaft der Rahmendekoration der Codd. Sangg. 359 und 360 ist offensichtlich.

4
Der aufgeschlagene Codex mit liturgischen Texten und Neumen umfaßt ein Prozessionsbüchlein des 12. Jahrhunderts.

5
Rekonstruktion des Einbandkastens, von dem die Fassungsteile des Einbandes von Cod. Sang. 360 herstammen. *Rekonstruktion und Zeichnung Rudolf Schnyder.*

E 2.1

E Lateinische und deutsche Literatur aus Sankt Gallen

1 Biographien und Geschichtsschreibung

St.Gallen war nicht bloß eine Stätte der Literaturüberlieferung, sondern auch ein Ort vielfältiger literarischer Produktion. Im Mittelalter bedeutete Literatur zunächst lateinische Literatur. Im Kloster St.Gallen wurden zahlreiche Texte verfaßt, zu vielerlei Gelegenheiten und Themen. Schon früh wurden aus hagiographischem Interesse die Leben von Gallus und Otmar, teils von Reichenauer Mönchen, niedergeschrieben. Die Vorliebe galt den klösterlichen Ereignissen, die in einer beispiellosen Reihe von Texten durch verschiedene Autoren vom Beginn des Klosters bis ins Spätmittelalter festgehalten wurden. Es sind die «Casus Sancti Galli», die Geschichten des Klosters St.Gallen, die wir Ratpert, Ekkehart IV., Konrad von Pfäfers, anonymen Fortsetzern und Christian Kuchimaister verdanken.

1
Das Leben des heiligen Gallus von Walahfrid Strabo, verfaßt 833/834. Anfang mit verzierten I- und C-Initialen. «In nomine Domini nostri Iesu Christi incipit vita beati Galli confessoris.» (Im Namen unseres Herrn Jesu Christi beginnt die Lebensbeschreibung des hl. Bekenners Gallus.) *Cod. Sang. 562.*

2
Das Leben von Sankt Otmar. 9. Jahrhundert. Abschrift des 12. Jahrhunderts. Erste Textseiten des Gozbert-Textes, verfaßt 830. *Cod. Sang. 564.*

3
Die «Annales Alemannici», eine nach Jahren geordnete Geschichtschronik, in der St. Galler Überlieferung. *Stiftsarchiv St.Gallen.*

4
Die St.Galler Klostergeschichten («Casus Sancti Galli») von Ekkehart IV. († um 1057). *Cod. Sang. 615.*

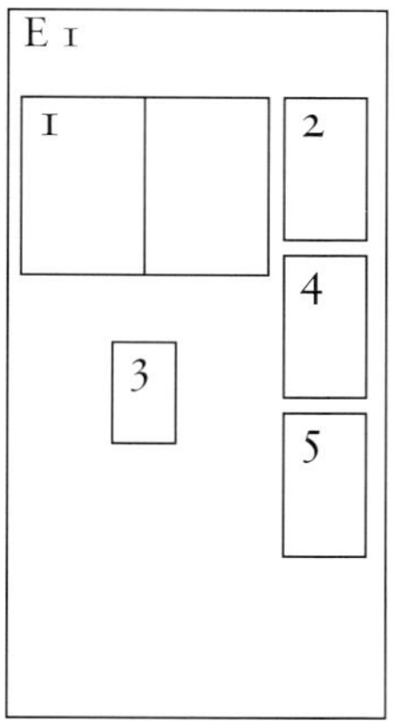

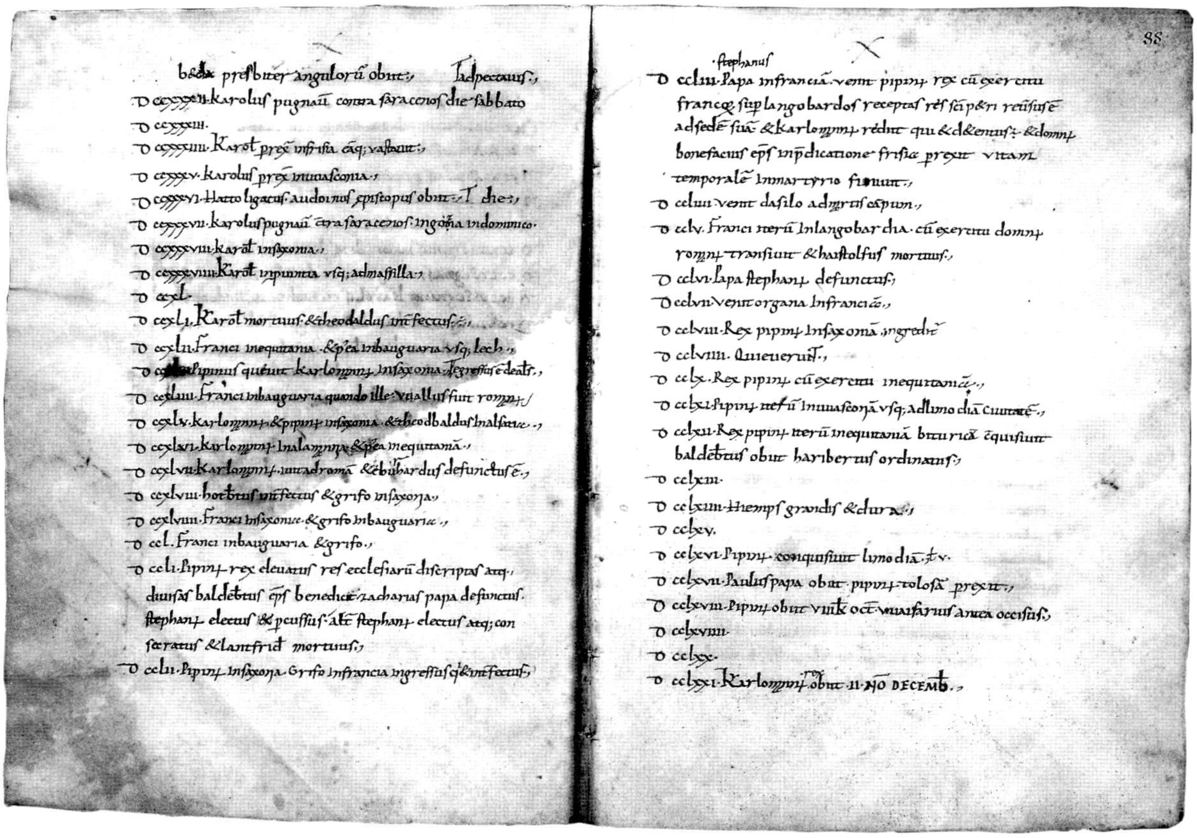

E 1.3

5
Ekkeharts IV. «Liber benedictionum», Tischsegen, sein dichterisches Hauptwerk. *Cod. Sang. 393.*

Die lateinische Literatur St.Gallens im Überblick

Um 680	Vita Sancti Galli Vetustissima
816–824	Wetti (Reichenau), Vita Sancti Galli
833–834	Walahfrid (von der Reichenau), Drittes Gallusleben
834–838	Walahfrid, Vita Sancti Otmari
883–884	Notker Balbulus und Hartmann, Metrum de vita Sancti Galli
884	Ratpert, Casus Sancti Galli und Liber Ymnorum (für Kanzler Liutward von Vercelli)
884–887	Notker Balbulus, Gesta Karoli (für Kaiser Karl III.)
Um 890	Notkers Formelbuch
Um 900	Tuotilos Tropen
955–1044	Annales Sangallenses Maiores
960–970	Ekkehart I., Vita Sanctae Wiboradae
Um 1040	Ekkehart IV., Liber benedictionum und Casus Sancti Galli
1072–1076	Herimannus, Zweite Vita Sanctae Wiboradae
1076–1203	Casus Sancti Galli, Continuationes I–V
Um 1235	Konrad von Pfäfers, Casus Sancti Galli
1606	P. Jodok Metzler, De viris illustribus monasterii Sancti Galli
17./18. Jh.	Verschiedene Klosterchroniken
1642–66	P. Athanas Gugger und P. Jakob Tschernembl, Verschiedene lateinische Theaterstücke
1667–69	Cursus theologicus Sangallensis
1702	P. Moritz Müller, Idea Sacrae Congregationis Helveto-Benedictinae

Nach Walter Berschin, Eremus und Insula, Wiesbaden 1987.

2 Notker der Dichter

Große Bedeutung kam den Dichtungen der St.Galler Mönche für liturgische Zwecke zu. So enstanden in St.Gallen Hymnen, Sequenzen und Tropen, wobei sich Ratpert mit Hymnen, Tuotilo mit Tropen und Notker Balbulus als Dichter von Sequenzen besonders auszeichneten. Manche Zeugnisse lassen sich nur schwer in ein Genus einordnen. So wird etwa Ekkeharts IV. «Liber benedictionum» als reine Stilübung verstanden.

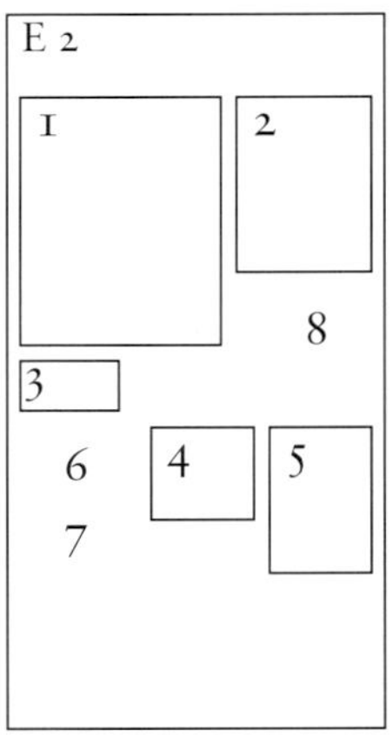

1
Notker der Dichter. Um 1070. Einzelblatt, ehemals im Tropar, Graduale und Sequentiar Cod. Sang. 376 überliefert. *Staatsarchiv Zürich.*

2
«Natus ante secula», Beginn von Notkers Weihnachtssequenz. *Cod. Sang. 376.*

3
Notkers des Dichters Handschrift. *Cod. Sang. 14.*

Über Notker Balbulus schreibt Ekkehart IV. im 33. Kapitel der «Casus Sancti Galli»: *Notker, körperlich, aber nicht geistig von schmächtiger Art, der Stimme, nicht dem Geiste nach ein Stammler, in den göttlichen Dingen erhaben, in widrigen Umständen geduldig, zu allem mild, übte die Zucht der Unsrigen scharf; furchtsam vor plötzlichen und unerwarteten Vorkommnissen mit Ausnahme der Dämonen, die ihn beunruhigten und denen er kühn zu begegnen pflegte, war er im Beten, im Lesen, im Dichten unermüdlich und war, damit ich die Gaben seiner ganzen heiligen Person kurz zusammenfasse, ein kleines Gefäß des heiligen Geistes, dem zu seiner Zeit an Fülle keines überlegen war.*

4
Notker dichtet die Sequenz «Sancti Spiritus assit nobis gratia». Darstellung aus einem Gruppenstich zu Notkers Leben, gezeichnet von Pierre Vuilleret, Fribourg, gestochen von Wolfgang Kilian, Augsburg. 1630.

5
«Sancti Spiritus assit nobis gratia», Notkers Pfingstsequenz. *Cod. Sang. 376.*

E 2.2

Aus Notkers Hymnenbuch

6
Der Helfer
5. Sonntag nach Ostern
Frohen Sinnes laßt uns unserm Gotte singen,
Der die sündengeschwächte Kirche immer erneuert
Und sie, blaß wie sie ist, mit dem Strahl der wahren Sonne erleuchtet
Und sie aus den Feueröfen des Landes Mesraim herausführte;
Der sie auch in jeder Kümmernis erhört,
Dazu mit himmlischem Brote nährt und ihn verehren lehrt.
Ja, er erfüllt sie mit süßem Honig aus dem Felsen.

7
Der Wundertäter
Sonntag nach Himmelfahrt
O wie zum Staunen, Gott sind deine Wunder:
Der du den von den Seinen verstoßenen und von den Fremden gehaßten
Beiden sowohl liebenswert wie auch sehr furchtbar gemacht hast,
Weil er den Hunger vorauserkannte und das Korn austeilte.
Der wurde um seines jüngsten Bruders willen vermittelst eines Silberbechers von den Brüdern erkannt.
Der führe uns zum Lande der verheißenen Bleibe nach Pharaos Untergang hin.

8
Die Pfingsthymne
Des heiligen Geistes
Gnade sei mit uns,
Die unsre Herzen als ihr Tempelhaus
sich erwählen wird,
O Geist des Segens,
der die Menschen leuchten macht:
Du Hehrer, der die immer rege
sinnenden Gedanken liebt:
Wenn ihnen alle Geistgebrechen erst
ausgetrieben sind.
In unsrer Seele
läutre die grause Finsternis.
Gelinde gieße deinen Balsam
tief in unsre Sinne ein.
Deutsche Übersetzung:
Wolfram von den Steinen.

Hymnus:
liturgisches Lied mit metrisch gebauten Strophen, verwendet in den einzelnen Teilen des Stundengebets (Officium divinum).
Sequenz:
liturgisches Lied in frei-rhythmischer Form, verwendet als Alleluia-Jubilus in den Messen der Sonn- und Festtage.
Tropus:
textlich-musikalische Erweiterungen in Prosaform zu feststehenden Texten im Ordinarium und Proprium der Messefeiern.

3 In der Volkssprache

St.Gallen ist auch bis heute bedeutsames Zentrum althochdeutscher Überlieferung, dies jedoch erst sekundär. Die althochdeutsche Schriftsprache kann nicht ohne ihre Wechselbezüge zum Latein gesehen werden, wie es das Werk Notkers des Deutschen zeigt und beweist.

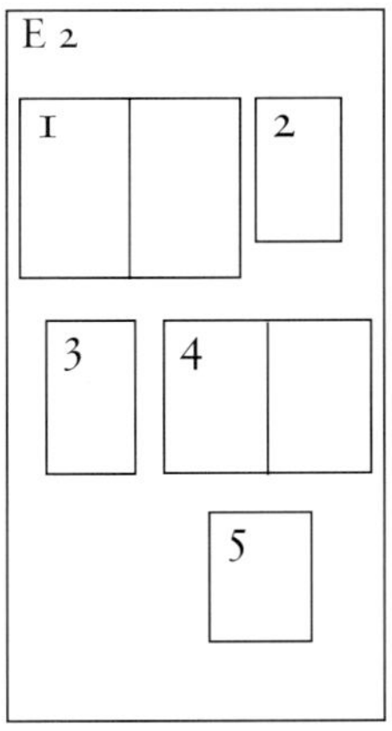

1
Das althochdeutsche «Vater unser» (8. Jahrhundert). *Cod. Sang. 911.*

Althochdeutsch	Modernes Deutsch
Fater unseer thu pist in himile	*Vater unser im Himmel*
uuihi namun dinan	*geheiligt werde dein Name,*
qhueme rihhi din	*dein Reich komme,*
uuerde uuillo diin so in himile	*dein Wille geschehe, wie im Himmel so*
sosa in erdu	*auf Erden.*
prooth unseer emezzihic kip uns hiutu	*Unser tägliches Brot gib uns heute*
oblaz uns sculdi unseero	*und vergib uns unsere Schuld,*
so uuir oblazem uns sculdikem	*wie auch wir vergeben unsern Schuldigern,*
enti ni unsih firleiti in khorunka	*und führe uns nicht in Versuchung,*
uzzer losi unsih fona ubile	*sondern erlöse uns von dem Bösen.*

2
Der lateinisch-althochdeutsche «Abrogans», das älteste deutsche Buch. Im 8. Jahrhundert im Südwesten Deutschlands entstanden. Beginn der Buchstabengruppe Q(uamobrem). *Cod. Sang. 911.*

3
Oft wurden die Handschriften zum besseren Verständnis des damaligen Lesers mit althochdeutschen Glossen oder interlinearer Übersetzung versehen. Das Beispiel der Paulinischen Briefe. Anfang 9. Jahrhundert. *Cod. Sang.70.*

4
Die Kopie von Tatians Evangelienharmonie ist wie der «Abrogans» nicht in St.Gallen geschrieben worden, lag aber schon früh in der St.Galler Klosterbibliothek. Die althochdeutsche Fassung entstand um 820/830 in Fulda. *Cod. Sang. 56.*

5
Nibelungen-Handschrift. Die B-Überlieferung der St.Galler Stiftsbibliothek. *Cod. Sang. 857.*

4 Der Schöpfer der althochdeutschen Wissenschaftssprache Notker der Deutsche

Gerade die althochdeutschen Übersetzungen antiker Philosophen und Autoren (Boethius, «De consolatione Philosophiae»; Martianus Capella, «De nuptiis Philologiae et Mercurii»; der von Boethius ins Lateinische übersetzte Aristoteles, «Categoriae» und «De interpretatione») dienten nach eigenen Aussagen Notkers des Deutschen dazu, den Schülern den Einstieg in die schriftliche lateinische Kultur zu erleichtern. Notker verdanken wir die althochdeutsche Wissenschaftssprache.

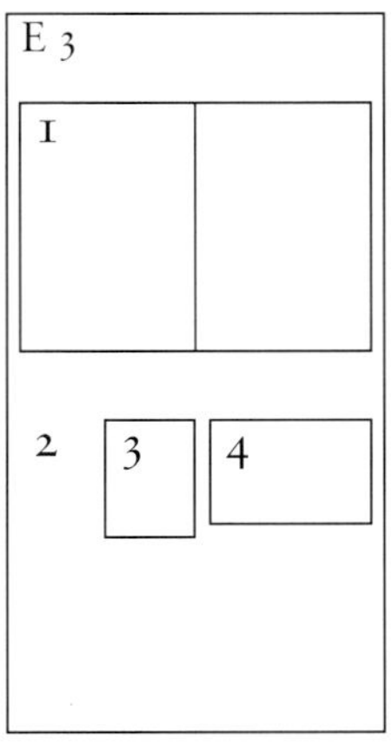

1
Beginn der Übersetzung des Psalters ins Althochdeutsche durch Notker Labeo. *Cod. Sang. 21.*

DER MÁN ist sâlig. der in dero argon rât ne-ge-giêng. So ADÂM téta. dô er déro chénun râtes fólgeta uuider Góte. Et in uia peccatorum non stetit. Noh an déro súndigon uuége ne-stuônt. So er téta. Er chám dar ána. er cham an dén brêiten uueg ter ze héllo gât. unde stuônt târ ána. uuanda er hangta sînero geluste. Hén-

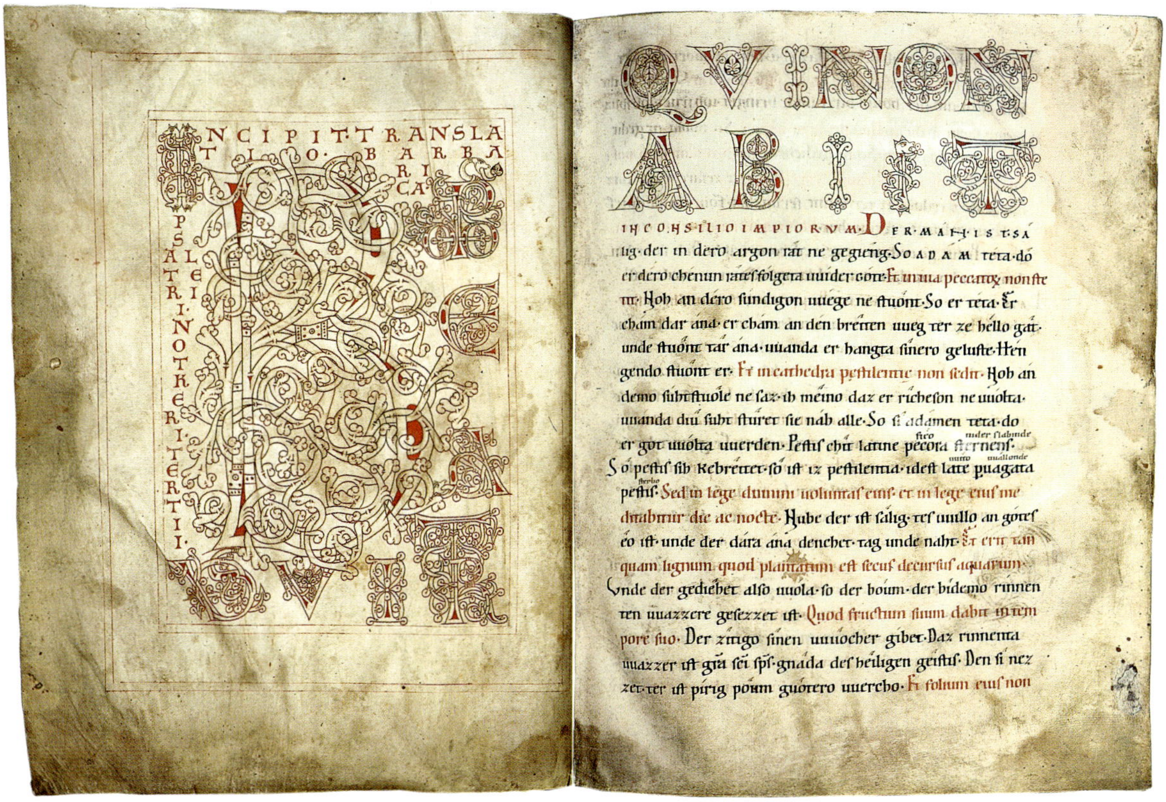

E 4.1

gendo stuônt er. Et in cathedra pestilentie non sedit. Noh án démo súhtstuôle ne-saz. ih mêino daz er rîcheson ne-uuólta. uuánda diû suht stûret sie náh alle. So sî adâmen teta. do fiêo nider slahinde er got uuólta uuerden. Pestis chît latine pecora sternens. uuíto uuállonde. Sô pestis sih kebrêitet. sô ist iz pestilentia. idest late per-uagata stérbo pestis.

2
Die althochdeutschen Sprachquellen von St.Gallen. *Übersicht von Stefan Sonderegger.*

3
Der im Mittelalter sehr verbreitete Boethius-Text «Trost der Philosophie» in der Übersetzung Notkers des Deutschen. 11. Jahrhundert. *Cod. Sang. 825.*

4
Die Hauptorte althochdeutscher Überlieferung. *Karte von Stefan Sonderegger.*

196
N·SPISER·DAR·
O·BRVL·DAR·
P·BLATZ·DAR·
Q·SCHIBENR·DAR·
R·MVOLTER·DAR·
S·MVLER·DAR·
T·DES ABTS·DAR·
V·GRVN·DVRN·
W·LADERA·DVRN
Y·MICHAELS·DV
SCHVHVS·
X·KIRCH HAF·
C
B
T

F 6.1

F Der spätmittelalterliche Klosterstaat

1 Fürstabt Ulrich Rösch

Im Laufe des Spätmittelalters war die innere und äußere Bedeutung der Abtei St.Gallen zunehmend gesunken. Das Kloster war zu einer «Adelsherberge» (Vadian) für wenige Mönche geworden. Diese Tatsache, im historischen Kontext an sich nicht überraschend, hat sicher mit den gewandelten religiösen, sozialen und wirtschaftlichen Verhältnissen zu tun. An der Schwelle zur Neuzeit gelang es indes im 15. Jahrhundert dem bürgerlichen Abt Ulrich Rösch (1463–1491), aus Wangen im Allgäu gebürtiger Bäckerssohn, das mit mancherlei Schwierigkeiten kämpfende Kloster zu neuer Blüte zu führen.

1
Das Klosterwappen unter Abt Ulrich Rösch. Links der Bär der Abtei, rechts der Hund der Grafschaft Toggenburg, die Ulrich Rösch 1468 an die Abtei brachte, und in der Mitte die zwei gekreuzten Stöcke des Familienwappens von Abt Ulrich. Offnung (Gemeindeverfassung) für Goldach. 1463. *Gemeindearchiv Goldach SG.*

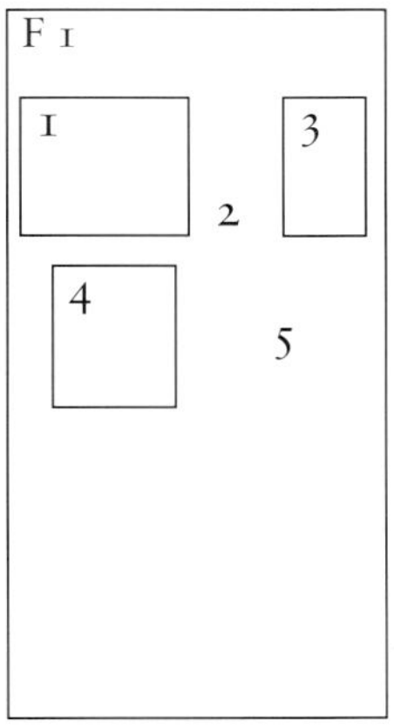

2
Das große Siegel von Abt Ulrich Rösch (1463–1491). *Stiftsarchiv St.Gallen.*

3
Der Graf von Hohenberg, Erzschenk des Abtes, huldigt Abt Ulrich Rösch. Fresko von Hans Haggenberg im St.Galler Hof Wil. Ca. 1470/1480.

4
Der St.Galler Klosterstaat zur Zeit Abt Ulrich Röschs. *Karte von Werner Vogler.*

5
Die Verwaltungsstruktur des spätmittelalterlichen St.Galler Klosterstaates. *Übersicht von Werner Vogler.*

6
Titelblatt des Kopialbuches der Stiftungsbriefe für das Frühamt Unserer Lieben Frau im St. Galler Münster. Unten das Wappen der Abtei St.Gallen, des Toggenburgs und von Ulrich Rösch. 1487. *Stiftsarchiv St.Gallen, Bd. 436.*

2 Neustrukturierung der klösterlichen Herrschaft

Abt Ulrich Rösch verband politisches Geschick mit verwalterischer Begabung. Er schuf den modernen St.Galler Klosterstaat zwischen Bodensee und Wil (Alte Landschaft), erwarb 1468 die Grafschaft Toggenburg, sicherte die politischen Rechte der Abtei und baute sie aus. Er schuf einen modernen geistlichen Territorialstaat, der die Schwierigkeiten und Wirrnisse der folgenden Zeit und der Reformation überdauern und bis zum Ende der Alten Eidgenossenschaft bestehen sollte. Die Fürstabtei St.Gallen war 1451 als erster Zugewandter Ort der Eidgenossenschaft beigetreten und war der bevölkerungsmäßig bedeutendste dieser eidgenössischen Bündnispartner.

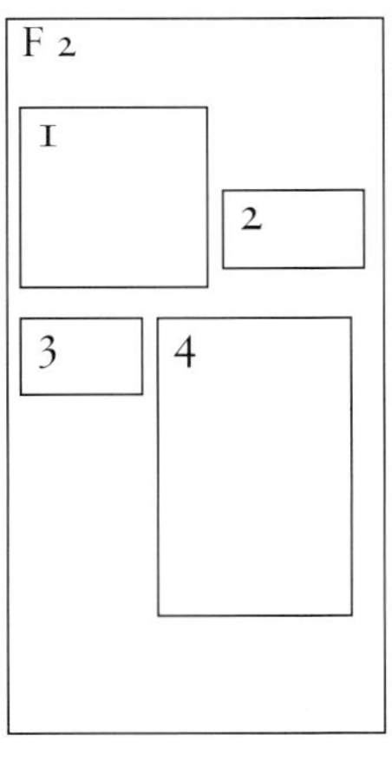

1
In den Offnungen, Kodifizierungen des lokalen Gewohnheitsrechtes, wurden die Rechte der einzelnen Gerichtsgemeinden im äbtlichen Staat genau fixiert. Das Beispiel der Offnung von Burgau vom 10. August 1469. Der für den klösterlichen Herrschaftsträger hergestellte Text findet sich in einem gewichtigen Pergamentcodex. *Stiftsarchiv St.Gallen, Bd. 1032.*

2
Die Lieblingsresidenz von Abt Ulrich war der Hof des Klosters im sanktgallischen Wil. Hier hielt er sich häufig auf. Systematisch förderte er das Städtchen und seine Wirtschaft. Federzeichnung von Melchior Füssli 1712. *Zentralbibliothek Zürich, Graphische Sammlung.*

3
Die Stadt Wil lag im Westen des St.Galler Klosterstaates. Ansicht von 1729. *Zentralbibliothek Zürich, Graphische Sammlung.*

4
Die Grafschaft Toggenburg 1710. *Karte von Johann Jakob Scheuchzer.*

3 Die Grundlagen der klösterlichen Herrschaft

Die St.Galler Äbte beriefen sich bei der Ausübung ihrer weltlichen Herrschaft auf die immer wieder bestätigten Privilegien der Kaiser, während sie sich in den geistlichen und klösterlichen Angelegenheiten auf die Weisungen der Kirche, die Bullen der Päpste sowie teils auch auf Richtlinien von reformfreudigen Institutionen des Ordens stützten.

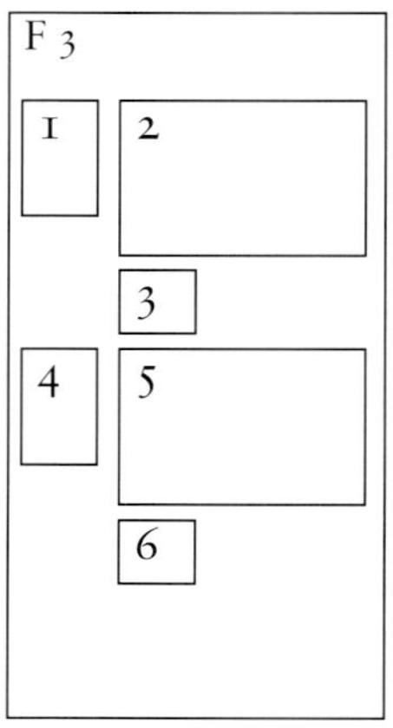

1
Papst Pius II. (Enea Silvio Piccolomini) 1458–1464. Porträt von Anton Waiss in der Ambraser Sammlung (Innsbruck). Ca. 1580.

2
Papst Pius II. bestätigt am 5. Mai 1463 Abt Ulrich in seinem Amt. *Stiftsarchiv St.Gallen.*

3
Rückseite der Papsturkunde.

4
Kaiser Friedrich III. 1440–1493. Epitaph im Wiener Stephansdom. Ca. 1540.

5
Kaiser Friedrich III. bestätigt am 2. Februar 1464 Abt Ulrich Rösch die Privilegien der Abtei St.Gallen. Kaiserdiplom. Deutsch. *Stiftsarchiv St.Gallen.*

6
Rückseite der Kaiserurkunde.

F 1.1

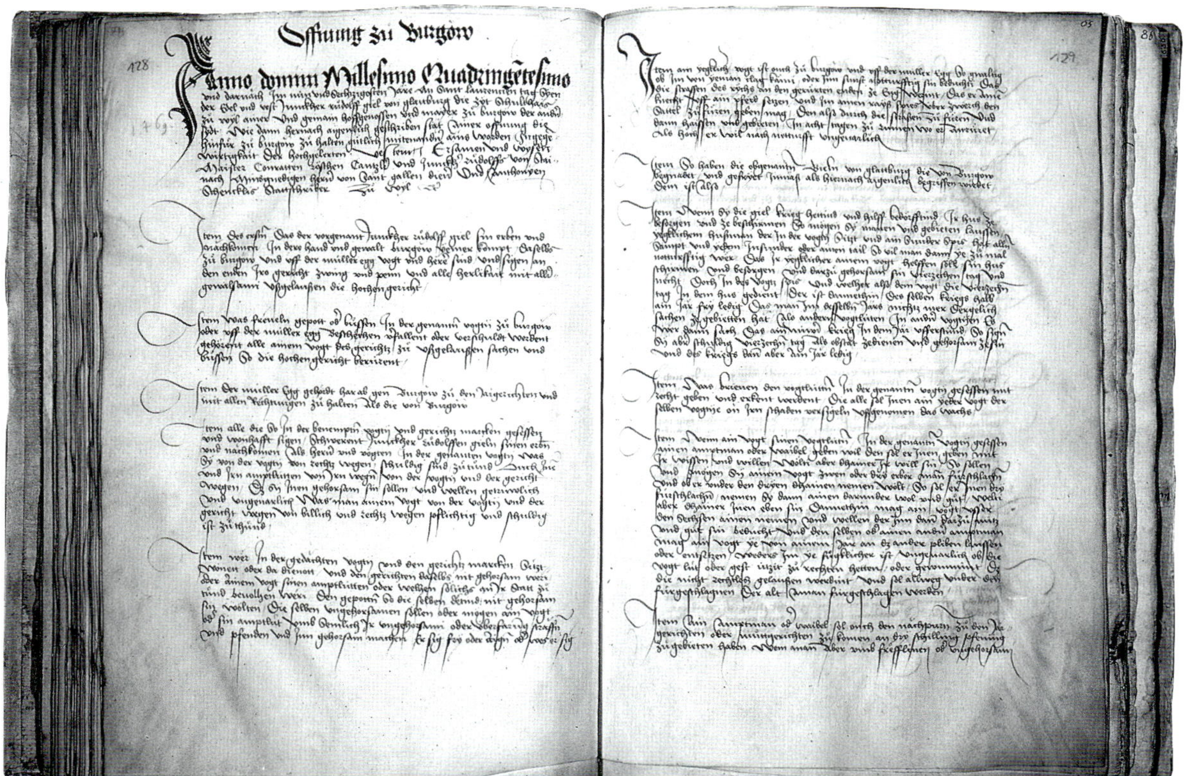

F 2.1

F 4.1

4 Die Loslösung der Stadt St.Gallen

Im Schatten des Gallusklosters wuchs eine wirtschaftlich zunehmend bedeutender werdende Stadt heran, die ihre Leinwand bald in halb Europa vertrieb. Dieser wirtschaftlichen Expansion entsprach die allmähliche Emanzipation der Stadt von der Abtei, die im 15. Jahrhundert in eine völlige Loslösung und die politische Eigenständigkeit ausmündete.

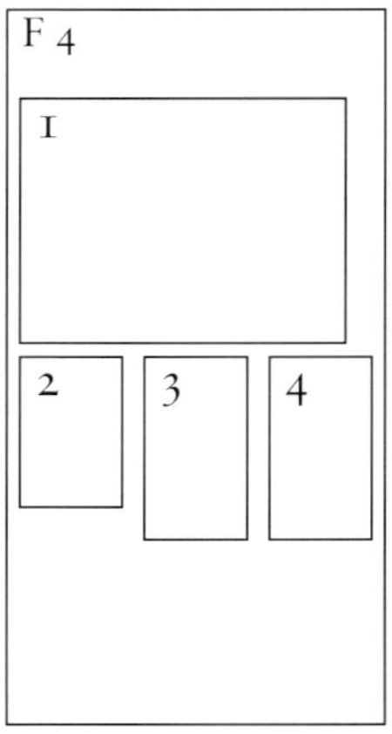

1
Die Stadt St.Gallen um 1545. Im Zentrum die Münsterkirche des Klosters. Planprospekt von Heinrich Vogtherr. *Stadtarchiv (Vadiana) St.Gallen.*

2
Der Vertrag von Bern von 1457, in dem die politische Loslösung der Stadt St.Gallen von der Abtei endgültig besiegelt wurde. *Stiftsarchiv St.Gallen.*

3
Ulrich Rösch verhandelt mit dem Rat der Stadt St.Gallen. Darstellung um 1513. Am Tische sitzend der Ratsschreiber. *Luzerner Diebold Schilling-Chronik.*

4
Die Schirmorte der Abtei erklären der Stadt St.Gallen den Krieg. Die Kriegserklärung wird auf den aufgesteckten Briefen vorangetragen. *Luzerner Diebold Schilling-Chronik.*

F 5.1

5 Die Verlegung des Klosters an den Bodensee

F 5.4

Abt Ulrich Rösch schuf nicht nur den modernen, rational organisierten und verwalteten Klosterstaat, ein geistliches Fürstentum, sondern er wollte für diesen Staat auch ein modernes Verwaltungszentrum und gleichzeitig ein neues, den damaligen Erfordernissen entsprechendes Kloster errichten. Klar sah er die Gefahr der aus der räumlichen Nähe von Stadt und Kloster entstehenden Konflikte voraus. So plante er sorgfältig den Bau eines neuen Klosters nahe der Stadt Rorschach mit schöner Aussicht auf den Bodensee. Die begonnenen Bauten wurden jedoch zerstört, und der Sitz der Abtei verblieb in St. Gallen.

1
Das Kloster Mariaberg bei Rorschach. Bedeutende spätmittelalterliche Klosteranlage. Zwar wurde der Bau 1489 zerstört, doch nach diesem «Klosterbruch» unter Röschs Nachfolgern wieder aufgebaut.

2
Wappen von Ulrich Rösch an der Decke der ehemaligen Kapelle von Mariaberg.

3
Die ehemalige Kapelle von Mariaberg.

4
Der Kreuzgang des Klosters (Ausschnitt).

5
Die Truppen der Schirmorte der Abtei ziehen in Gossau ein, um die Herrschaft des Fürstabts wiederherzustellen. *Luzerner Diebold Schilling-Chronik.*

6
Der neue Klosterbau von Mariaberg wird 1489, durch Stadtsanktgaller und Appenzeller zerstört. *Luzerner Diebold Schilling-Chronik.*

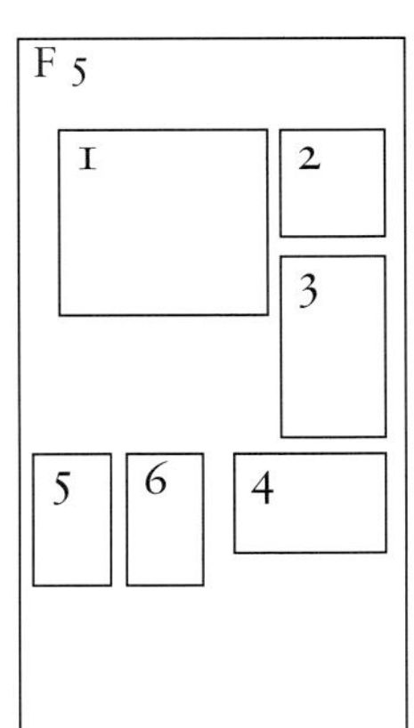

6 Der Geist des Spätmittelalters

Zwar war Abt Ulrich eine politisch geprägte und verwalterisch begabte Persönlichkeit, nichtsdestoweniger schenkte er seine Aufmerksamkeit den kirchlichen und liturgischen Belangen sowie der Bibliothek. Diese Bemühungen nahm sein zweiter Nachfolger Franz Gaisberg wieder auf, unter dem eine Reihe von Chorbüchern, geschaffen vom Rorschacher Niklaus Bertschi und vom Lindauer Kaspar Härtli, mit reicher Illuminierung entstanden. Der Pflege der Musik im Gottesdienst schenkten seine Nachfolger ihre besondere Aufmerksamkeit, die Orgelhandschriften eines Fridolin Sicher bezeugen dies.

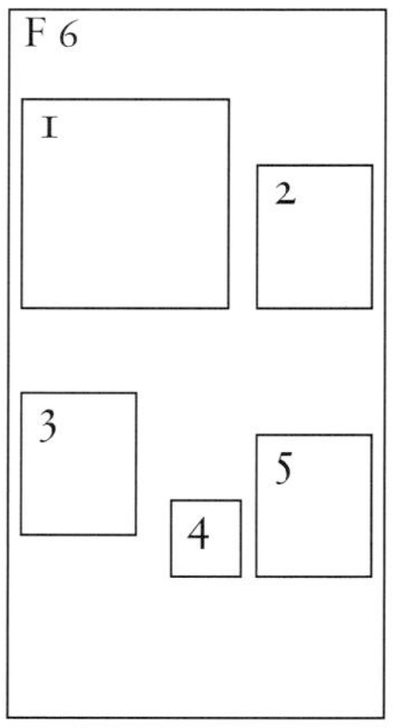

1
Der St.Galler Stiftsbezirk. Ausschnitt aus Planprospekt von Melchior Frank. 1596. *Stadtarchiv (Vadiana) St.Gallen.*

2
Grundriß des Stiftsbezirks von 1526. *Nach August Hardegger.*

3
Ulrich Rösch ließ 1461 in einem Bibliothekskatalog die Handschriftenbestände der Bibliothek neu verzeichnen. *Cod. Sang. 1399.*

4
Abt Ulrich Rösch im Gebet. O-Initiale in seinem persönlichen Gebetbuch, kalligraphiert von Frater Simon Rösch, Wiblingen. *Stiftsbibliothek Einsiedeln, Cod. Eins. 285.*

5
Kreuzigungsdarstellung aus dem Pontifikalmissale von Abt Ulrich. *Cod. Sang. 356.*

F 2.2

F 6.4

F 6.5

G 4.1

G Die barocke Fürstabtei

1 Der Klosterstaat nach der Reformation

Nach der Reformation, die eine zeitweilige Aufhebung der Abtei verursachte, mußte zu einem Wiederaufbau geschritten werden. Namentlich galt es, die konfessionellen Verhältnisse zu bereinigen und die politischen Strukturen zu festigen. Es setzte schon bald eine Reform des geistlichen Lebens im Kloster und der Seelsorge in den zahlreichen Klosterpfarreien des St.Galler Territoriums ein. Als geeignetes Instrument diente dabei das 1613 geschaffene, 1748 erweiterte Offizialat, dem die Durchführung der Seelsorge der Untertanen oblag. Allmählich konnte eine zweite bedeutende Blütezeit der Abtei heraufziehen, die das 17. und 18. Jahrhundert entscheidend prägte.

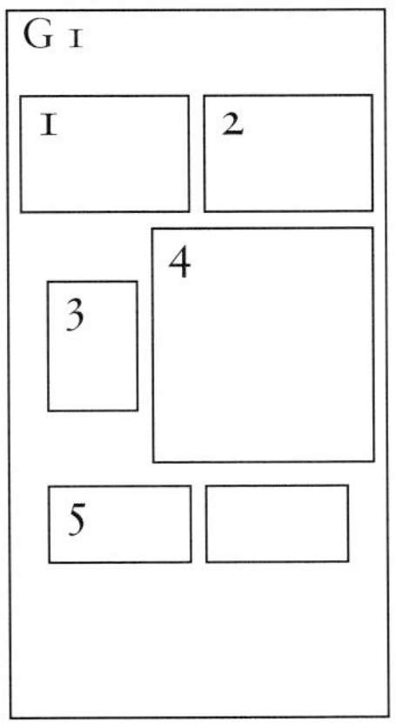

1
Die Abtswahlen des Konvents hatte der Papst zu bestätigen. Auf einer Scheibe aus Wil wird die Szene der Treueleistung des Abtes Otmar Kunz gegenüber Papst Pius IV. bildlich dargestellt. In der Mitte das vierteilige Wappen von Abt Otmar. 1565. *Historisches Museum St.Gallen.*

2
Die Grundlage der Herrschaftsausübung im St.Galler Klosterstaat bildeten auch in der Neuzeit die jahrhundertealten Privilegien der Kaiser, die bei jedem Regierungswechsel erneuert wurden. Szene der Belehnung des Abtes durch Kaiser Maximilian II. Links Toggenburger und St.Galler Soldaten. 1565. *Historisches Museum St.Gallen.*

G 3.5

G 3.5

3
Als einziges Tor führte das Karlstor aus dem Klosterbezirk (über städtisches Gebiet) hinaus in das Territorium der Abtei. Um 1570 entstand über dem Tor das Relief, das mit kaiserlichem und päpstlichem Wappen geschmückt ist und die Grundlagen der äbtlichen Herrschaft sinnfällig zum Ausdruck bringt.

4
Das St.Galler Territorium der Neuzeit. *Karte von Gabriel Walser, Nürnberg 1768.*

5
Der Polizeigesetzgebung dienten im Barock vor allem die Mandate, die verschiedene Einzelheiten des täglichen Lebens der Untertanen strikte regelten. Beispiel eines Kleidermandats von 1728 und eines Mandats über die Huldigung an Abt Cölestin Gugger von 1740. *Stiftsarchiv St.Gallen.*

2 Das geistige Leben

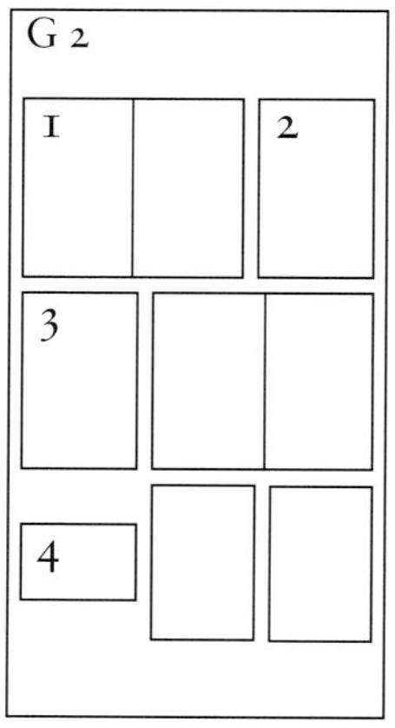

Intensive geistige Anstrengung galt auch der Theologie. St.Gallen publizierte eine eigene Theologie, den «Cursus Theologicus Sangallensis». Weit über die Grenzen St.Gallens reichte die Bedeutung des Mailänder Patriziersohns Cölestin Sfondrati, der als glänzender Professor in Salzburg wirkte und sich mit dem Gallikanismus auseinandersetzte. Die theologischen Bemühungen des späteren Abtes galten zudem besonders der Glaubenslehre der Unbefleckten Empfängnis. Andere Mönche pflegten die immer wieder erneuerte Erforschung der eigenen Vergangenheit. P. Athanas Gugger verfaßte zahlreiche Dramen, die im Rahmen des Schulbetriebes aufgeführt wurden.

1
Die Klosterchronik von P. Jodok Metzler, auf Latein abgefaßt, wurde ins Deutsche übertragen. Das Frontispiz mit Darstellung von Abt Diethelm Blarer von Wartensee (1530–1564). *Stiftsarchiv St.Gallen, Bd. 185.*

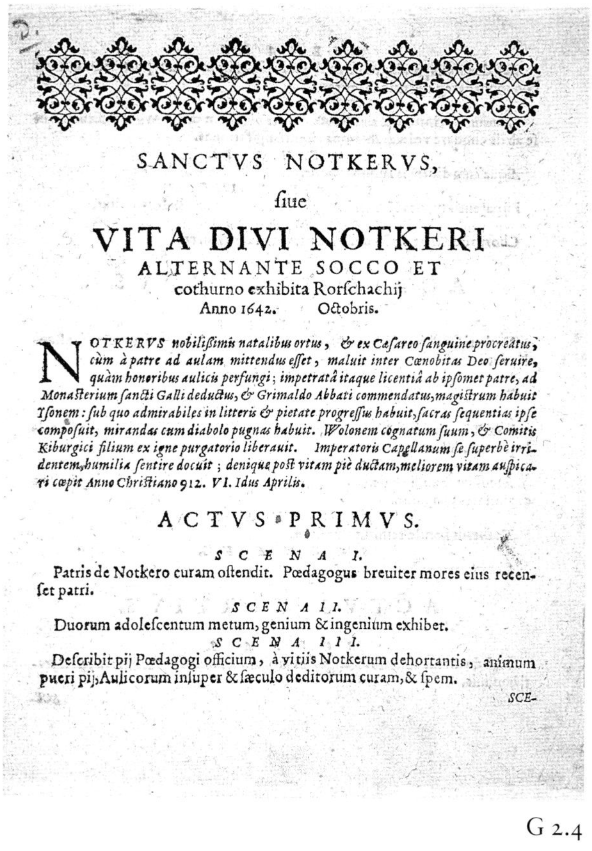

SANCTVS NOTKERVS,

siue

VITA DIVI NOTKERI
ALTERNANTE SOCCO ET
cothurno exhibita Rorschachij
Anno 1642. Octobris.

NOTKERVS nobilissimis natalibus ortus, & ex Caesareo sanguine procreatus, cùm à patre ad aulam mittendus esset, maluit inter Cœnobitas Deo seruire, quàm honoribus aulicis perfungi; impetratâ itaque licentiâ ab ipsomet patre, ad Monasterium sancti Galli deductus, & Grimaldo Abbati commendatus, magistrum habuit Ysonem: sub quo admirabiles in litteris & pietate progressus habuit, sacras sequentias ipse composuit, mirandas cum diabolo pugnas habuit. Wolonem cognatum suum, & Comitis Kiburgici filium ex igne purgatorio liberauit. Imperatoris Capellanum se superbè irridentem, humilia sentire docuit; denique post vitam piè ductam, meliorem vitam auspicari cœpit Anno Christiano 912. VI. Idus Aprilis.

ACTVS PRIMVS.

SCENA I.
Patris de Notkero curam ostendit. Pœdagogus breuiter mores eius recenset patri.
SCENA II.
Duorum adolescentum metum, genium & ingenium exhibet.
SCENA III.
Describit pij Pœdagogi officium, à vitiis Notkerum dehortantis, animum pueri pij, Aulicorum insuper & saeculo deditorum curam, & spem.

SCE-

G 2.4

COMOEDIA.

EDVARDVS REX ANGLIÆ
HVIVS NOMINIS
III.
A Iuventute Rosacensi exhibitus
21. Augusti 1658.

SAnctus Eduardus patre Ethelredo, & matre Emma Regibus Angliæ progenitus, Patre defuncto & fratribus suis ab hoste interemptis, Cælo favente in Regem electus & præter opinionem omnium; Pauperum & pupillorum dictus Pater, tributa gravissima remisit, ubi ijs delectari stygen vidit. Humillimus erat, quippe qui pauperem suis humeris portavit. In Sanctos devotissimus nemini quidpiam in nomine S. Ioannis petenti denegavit. Tandem plenus dierum & miraculis clarus, S. Ioanne vocante in cælum abijt.

DEr heilige Eduardus ware von Ethelredo vnd Emma Königin in Engelland geboren: Als nun sein Vatter gestorben vnd seine brüeder von den feinden erschlagen / ist er zuo einem König in Engelland durch wunderbare schickung Gottes erwöhlet worden. Er ware der Armen/Witwen vnd Weysen Vatter genent. Hat auch die Steur vnd Tribut seinem Landt nachgelassen / nach dem er den bösen Geist

auff

G 2.4

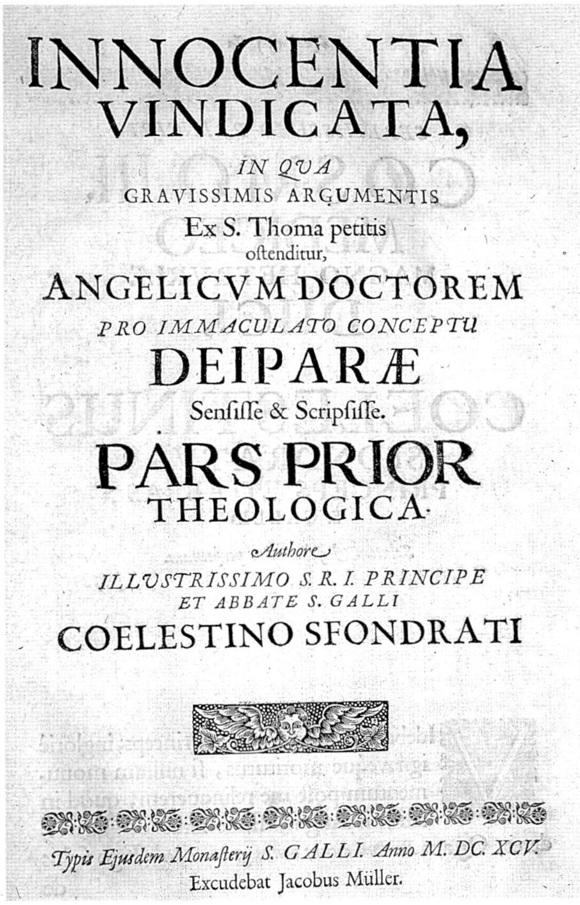

INNOCENTIA
VINDICATA,
IN QUA
GRAVISSIMIS ARGUMENTIS
Ex S. Thoma petitis
oſtenditur,
ANGELICVM DOCTOREM
PRO IMMACULATO CONCEPTU
DEIPARÆ
Senſiſſe & Scripſiſſe.
PARS PRIOR
THEOLOGICA.
Authore
ILLUSTRISSIMO S. R. I. PRINCIPE
ET ABBATE S. GALLI
COELESTINO SFONDRATI

Typis Ejusdem Monaſterij S. GALLI. Anno M. DC. XCV.
Excudebat Jacobus Müller.

G 2.3

G 2.3

2
St.Galler Mönche verfaßten in umfangreichen Bänden Klosterchroniken. Einen fünften Band verdanken wir P. Magnus Brülisauer. 1672. *Stiftsarchiv St.Gallen, Bd. 186.*

3
Cölestin Sfondrati, der bedeutende und weitherum bewunderte Theologe, Abt von 1687 bis 1696, verfaßte nicht nur Theologisches, sondern unternahm in seiner «Innocentia vindicata», die Glaubenslehre von der Unbefleckten Empfängnis Mariens mit Argumenten des Thomas von Aquin stützend, auch die Ausdeutung von Emblemen. *Stiftsarchiv St.Gallen.*

4
P. Athanas Guggers Schauspiele verarbeiteten Stoffe aus dem Leben der christlichen Heroen und Heiligen, aber auch aus der Sanktgaller Geschichte, und brachten dem klösterlichen Theaterpublikum deren Charaktere unter theologisch-religiösen Vorzeichen dramatisch näher. Titel: Die Märtyrer Antonin und Theodor, König Eduard von England, Der heilige Notker.

3 Der Stiftsbezirk des 17. und 18. Jahrhunderts

Noch heute ist diese Epoche gegenwärtig in den erhaltenen Bauten des St.Galler Stiftsbezirks, seit 1983 im Katalog der Weltkulturgüter der UNESCO eingetragen. Eine zahlreiche Schar von Mönchen widmete sich neben der Verwaltung auch erzieherischen und wissenschaftlichen Aufgaben. Es entstanden in Rorschach und im Toggenburg zur Heranbildung des Nachwuchses Schulen, in denen eine humanistisch geprägte Bildung vermittelt wurde. Bald blühten auch die barocken Künste, Literatur und Theater.

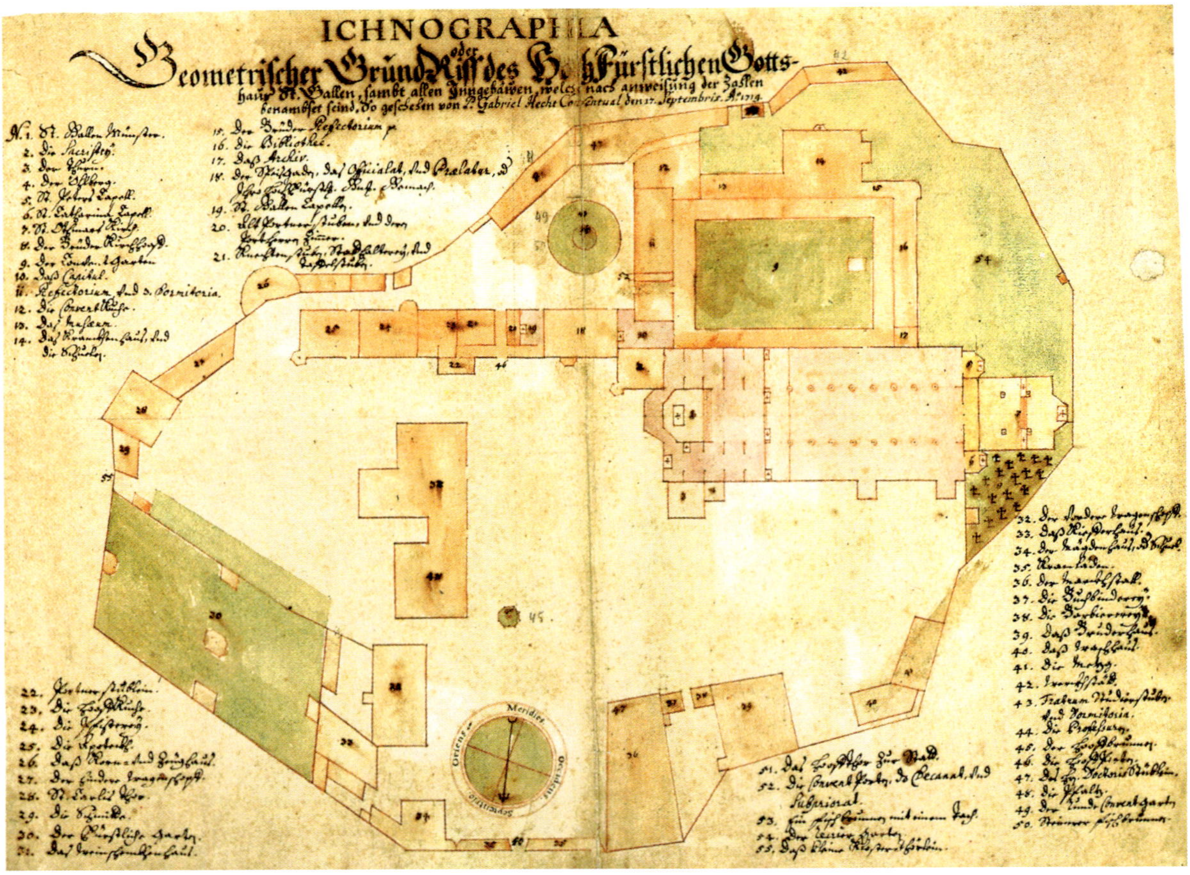

G 3.2

1. St.Gallen Münster.
2. Die Sacristey.
3. Der Thurn.
4. Der Öhlberg.
5. St.Peters Capell.
6. St.Catharina Capell.
7. St.Othmars Kirch.
8. Der Brüder Kirchhoof.
9. Der Convent Garden.
10. Dass Capitul.
11. Refectorium und drei Dormitoria.
12. Die Convent Kuche.
13. Musaeum.
14. Das Kranckhen Haus, und die Schuolen.
15. Der Brüder Refectorium.
16. Die Bibliothec.
17. Daß Archiv.
18. Der Speisgaden, das Officialat, und Praelatur oder Ihro Hochfürstl. Gn. Gemach.
19. St.Gallen Capellen.
20. Alt Portner stuben, und deren Port Herrn Zimmer.
21. Knechten stuben, Stadthalterey, und Tafelstuben.
22. Portnerstüblein.
23. Die Hoof Kuche.
24. Die Pfisterey.
25. Die Apotheckh.
26. Das Korn- und Zeughaus.
27. Der hindrer Wagenschopf.
28. St.Carlis Thor.
29. Die Schmitte.
30. Der Fürstliche Garten.
31. Das Weinschenkhen Haus.
32. Der vordrer Wagenschopf.
33. Daß Kieferhaus.
34. Der Mägden Haus, oder Schuol.
35. Kramläden.
36. Der Marckhstall.
37. Die Buchbinderey.
38. Die Barbiererey.
39. Daß Bruder Haus.
40. Daß Wasch Haus.
41. Die Metzg.
42. Werckhstätt.
43. Fratrum Studierstube, und Dormitoria.
44. Die Profeßuren.
45. Der Hoofbrunnen.
46. Die Hoof Porten.
47. Des Hr. Doctoris Stüblein.
48. Die Pfaltz.
49. Der Runde Conventgarten.
50. Steinerer Fischbrunnen.
51. Das Hoofthor zur Statt.
52. Die Convent Porten, das Decanat und Subpriorat.
53. Ein Fischbrunnen mit einem Tach.
54. Der Recrier Garten.
55. Das kleine Kloster-Thörlein.

G 5.4

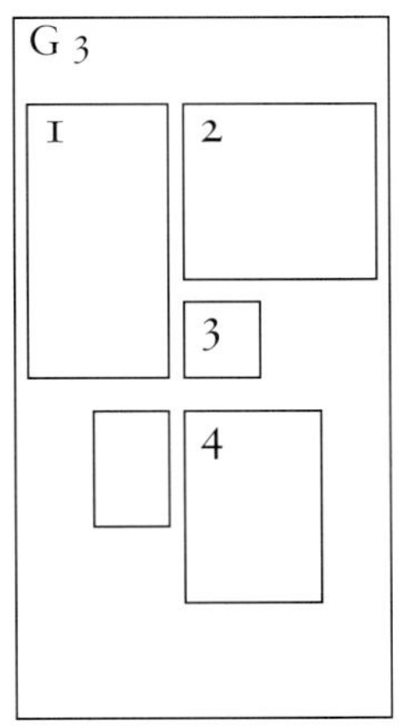

1
100 Jahre nach dem Zusammenschluß der schweizerischen Benediktinerklöster zu einer Kongregation gedachte man 1702 in einer feierlichen, kunstreich getexteten Festschrift der Gründung der Gemeinschaft. Eines der Hauptwerke der barocken sanktgallischen Klosterdruckerei, zeigt sie in einem der 21 Stiche den Stiftsbezirk von St.Gallen zusammen mit dem von Fanfaren blasenden Engeln gehaltenen Wappen des Abtes Leodegar Bürgisser (1696–1717).

2
Der St.Galler Stiftsbezirk bildete zu Beginn des 18. Jahrhunderts – die Bestandesaufnahme des P. Gabriel Hecht von 1719, «Ichnographia» genannt, bezeugt dies – ein Konglomerat verschiedener Bauteile, das Ergebnis der jahrhundertelangen baulichen Entwicklung und Veränderung. Noch harrte eine wesentliche Bauaufgabe, die Errichtung von den gestiegenen Bedürfnissen angepaßten klösterlichen und kirchlichen Bauten sowie eines repräsentativen weltlichen Regierungs- und Verwaltungszentrums, der Ausführung. Diese wurde erst nach 1750 unternommen. *Stiftsarchiv St.Gallen.*

3
Die Bauten des Stiftsbezirks. *Umzeichnung von Hans Martin Gubler.*

4
Die neun Äbte der Schweizerischen Benediktinerkongregation im Jahre 1702. Der St.Galler Abt führte in der Kongregation den Vorsitz.

5
Abt Leodegar Bürgisser (1696–1717) mit emblematischer Darstellung. Aus: «Idea Sacrae Congregationis Helveto-Benedictinae». 1702.

G 4.7

G 4.8

4 Die großen Bauten: Stiftskirche, Stiftsbibliothek, Neue Pfalz, Landkirchen

Die nach der Mitte des 18. Jahrhunderts erbaute Stiftskirche und die Bibliothek haben baugeschichtlich weit überregionale Bedeutung. Gelegentlich waren auch Klostermönche als Architekten tätig, P. Gabriel Hecht plante Um- und Neubauten im St.Galler Stiftsbezirk, und Bruder Gabriel Loser befaßte sich ebenfalls intensiv mit Baufragen. Den Äbten gelang es immer wieder, führende Leute aus dem Kreis der barocken Vorarlberger Architektenschule zur Realisierung von Bauten zu bewegen. Dabei waren nach der Mitte des 18. Jahrhunderts vor allem Michael und Ferdinand Beer sowie Peter Thumb wesentlich beteiligt. Ein weiteres bedeutendes Bauwerk, gut zehn Jahre älter, war das von Johann Caspar Bagnato errichtete Rorschacher Kornhaus, ein Getreidespeicher.

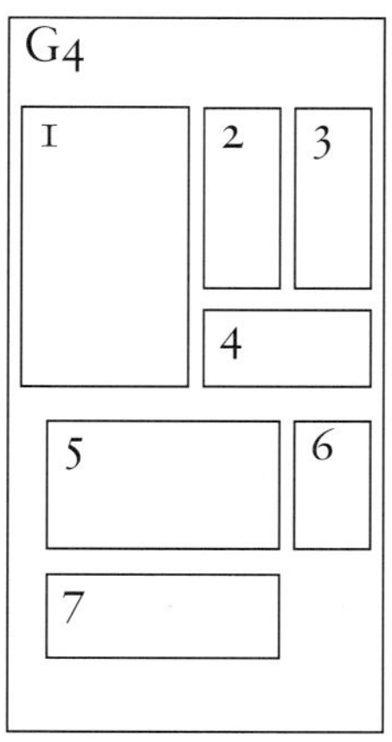

1
Die neue Stiftskirche, die 1755 bis 1766 von den Baumeistern Peter Thumb und Johann Michael Beer erbaut wurde, war eine Apotheose der barocken sanktgallischen Geistigkeit und Mentalität. In ihrer Verbindung eines Längsraumes mit einem Zentralraum löste sie ein lange studiertes Problem barocker Baukunst. Das Innere der Kirche. Der Hochaltar wurde erst zu Beginn des 19. Jahrhunderts im damals modernen Klassizismus errichtet.

2
Im Zentrum des St.Galler Stiftsbezirks dominiert die spätbarocke Doppelturmfassade der Klosterkirche.

3
Das von Joseph Wannenmacher 1757 bis 1760 geschaffene Fresko der Rotunde der Stiftskirche gewährt Einblick in den St.Galler Heiligenhimmel.

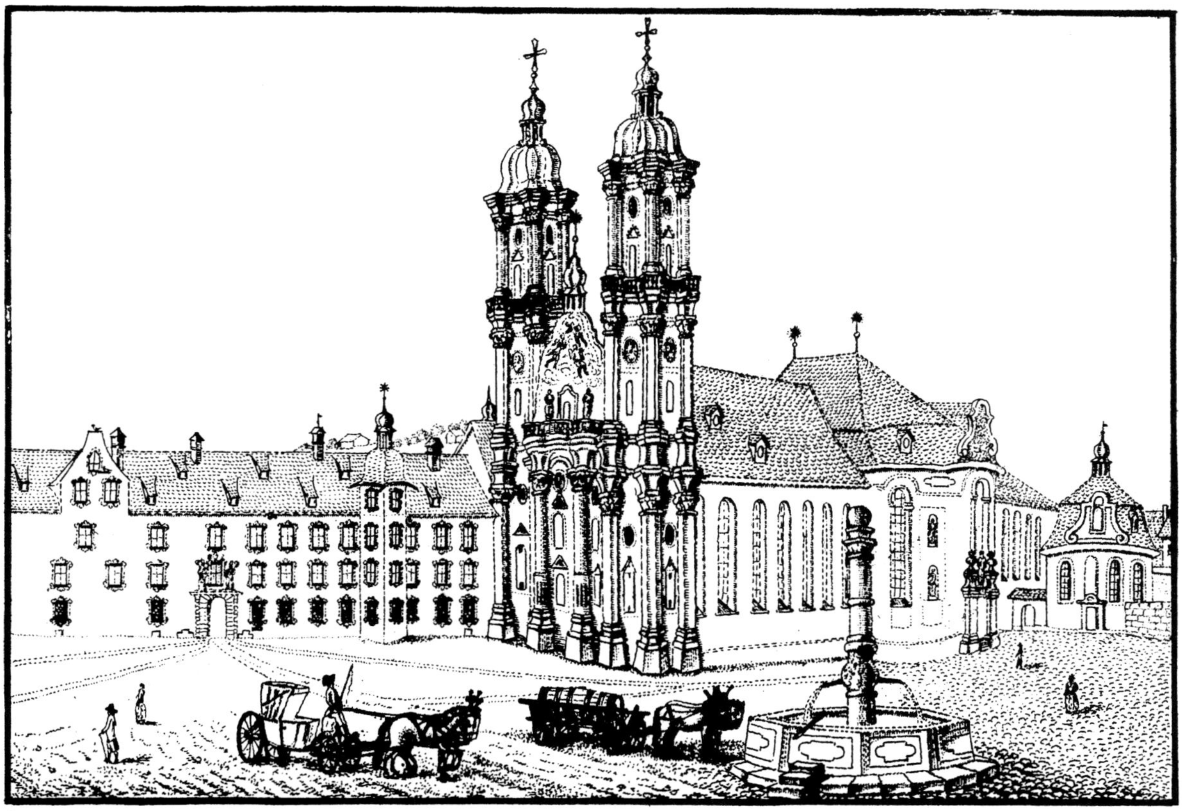

G 4.9

4
Die Stiftsbibliothek. Ihr Prunksaal, 1765 vollendet, gilt als schönster profaner Rokokoraum der Schweiz. Er wurde von Ferdinand Beer geplant und von Joseph Wannenmacher mit vier das Thema der Orthodoxie am Beispiel der vier alten ökumenischen Konzile darstellenden Fresken ausgestattet. Ein würdiger Raum für die wertvollen Handschriften und Drucke.

5
Durch die Zäsur des Toggenburger Krieges (1712–1718) gehindert, gelang es der Abtei erst nach der Mitte des 18. Jahrhunderts, ihre Vorstellungen einer funktionellen barocken Klosteranlage baulich in die Realität umzusetzen. Voraus gingen lange Jahrzehnte der Planung, beginnend in den 20er Jahren mit den Planskizzen von P. Gabriel Hecht. Gesamtumbauplan kurz nach 1720. *Stiftsarchiv St.Gallen.*

6
Zuvor schrieb P. Gabriel Hecht seine Vorstellungen im Bauwesen im «Sanct Gallischen Baumeister» und im «Palatium felicitatis» nieder. *Cod. Sang. 1099 und Stiftsarchiv St.Gallen, Bd. 375.*

7
Eine der großen Leistungen der sanktgallischen Baubemühungen des 18. Jahrhunderts war das 1745 bis 1749 nach Plänen von Johann Caspar Bagnato erbaute Rorschacher Kornhaus, das der Getreidelagerung und der Versorgung der Untertanen mit Lebensmitteln diente. *Stiftsarchiv St.Gallen.*

8
Neue Pfalz, Regierungssitz mit (links) Weinschenkenhaus. Ansicht von Johann Conrad Mayr, Lindau. Um 1790/95.

9
Stiftskirche St.Gallen mit (links) Hofflügel des Klosters. Ansicht von Johann Conrad Mayr, Lindau. Um 1790/95.

10
Stiftsarchiv und Stiftsbibliothek St.Gallen in der Barockzeit. Darstellung von P. Gabriel Hecht auf dem Pergamentbirett von 1737 für Abt Joseph von Rudolphi. *Domsakristei St.Gallen.*

G 4.10

5 Kirchliche Glaubenssorge und landesväterliche Fürsorge

Die eifrig betriebene Seelsorge an den Untertanen erreichte schon bald Wirkung in den sanktgallischen Landen, wo barocke Frömmigkeitsformen sich ausbreiteten und manifestierten. Mit großem Aufwand wurden die kirchlichen Gebäude den neuen Bedürfnissen angepaßt. So kann von einer eigentlichen St.Galler Kultur der Landkirchen gesprochen werden; besonders im 18. Jahrhundert erstanden nicht nur viele Kirchen neu, sondern auch manche Pfarreien wurden errichtet. Die äbtliche Herrschaft zielte durch ihre väterliche «Fürsorge» auf das Wohlergehen aller Untertanen.

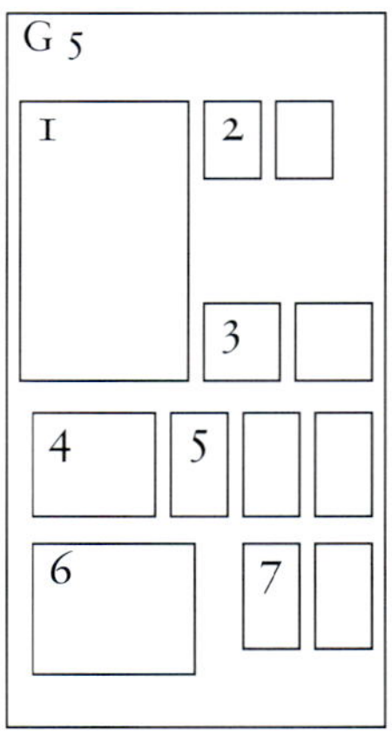

1
Immer wieder schuf sich barocke Frömmigkeit Ausdruck in feierlichen Reliquienprozessionen und -translationen. Ein Beispiel von 1684, die Übertragung von Reliquien der römischen Katakombenheiligen Sergius und Bacchus in die Stiftskirche, zeigt in einem Stich den in Klassen differenzierten weltlichen Hofstaat der Abtei und die Bevölkerung prozessionsweise vereint. Kupferstich. *Stiftsbibliothek St.Gallen.*

2
Die St.Galler Seelsorgerechte wurden 1748 in einem Vertrag mit dem Bischof von Konstanz erweitert. Urkundenlibell in Pergament. *Stiftsarchiv St.Gallen.*

3
Im 18. Jahrhundert nahm die Intensivierung der Seelsorge der Untertanenschaft einen großen Aufschwung. Barocke Frömmigkeitsformen wie Prozessionen, Wallfahrten und 40stündiges Gebet erlangten immer stärker Bedeutung. Neue Pfarreien riefen auch nach neuen Kirchen, wobei auf dem Lande zahlreiche Neubauten errichtet wurden, etwa in Engelburg, Niederbüren und – unsere Bilder – Bernhardzell.

4
In der ersten Hälfte des 17. Jahrhunderts entstand die barocke Klosteranlage des Priorats Neu St.Johann im oberen Thurtal, ursprünglich eine selbständige Abtei, die 1555 jedoch St.Gallen inkorporiert wurde.

5
Katechismen und Schulbücher druckte im 18. Jahrhundert die eigene Sanktgaller Klosterdruckerei. *Stiftsarchiv St.Gallen.*

G 4.4

6
Die St.Galler Stiftspfarreien des 18. Jahrhunderts. *Karte von Werner Vogler.*

7
Neben der fürsorglichen Verwaltung des bevölkerungsreichen, gegen 100 000 Einwohner zählenden Territoriums wurde der Seelsorge der katholischen Bevölkerung, die seit 1613 das Offizialat organisierte, besondere Aufmerksamkeit geschenkt. Ein Katalog von 1769, enthaltend alle St.Galler Pfarreien mit Kirchen und Kapellen, zeigt den geographisch weiten Umfang der Seelsorgerechte der Abtei. *Stiftsarchiv St.Gallen.*

8
Anleitung zur Rechtschreibung. Rechtschreibelehrbüchlein für die Schulen im St.Galler Klosterstaat. 1785.

9
Katechismus aus der St.Galler Klosterdruckerei. 1784.

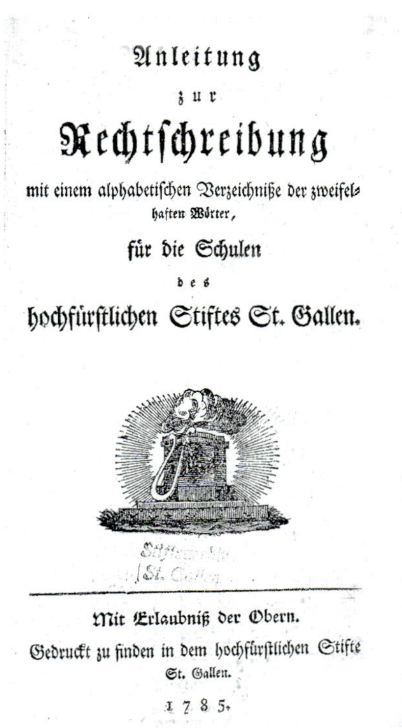

Anleitung
zur
Rechtschreibung
mit einem alphabetischen Verzeichniße der zweifelhaften Wörter,
für die Schulen
des
hochfürstlichen Stiftes St. Gallen.

Mit Erlaubniß der Obern.
Gedruckt zu finden in dem hochfürstlichen Stifte St. Gallen.
1785.

G 5.8

Der
kleine
Katechismus
in
Fragen und Antworten,
sammt einem
Unterrichte
zur
heil. Beicht und Com̄union.
Für
die kleinern Kinder.

Mit Erlaubniß der Obern.
Gedruckt, und zu finden in dem Fürstl. Gottesh. St. Gallen, 1784.

G 5.9

G 6.4

G 6.1

6 Das Ende der Abtei

Der Untergang der Eidgenossenschaft durch die französische Invasion im Jahre 1798 brachte das abrupte Ende der Abtei. Vollzogen wurde die Aufhebung indes erst am 8. Mai 1805 durch den Großen Rat des 1803 unter der Ägide Napoleon Bonapartes neu gebildeten eidgenössischen Kantons St.Gallen.

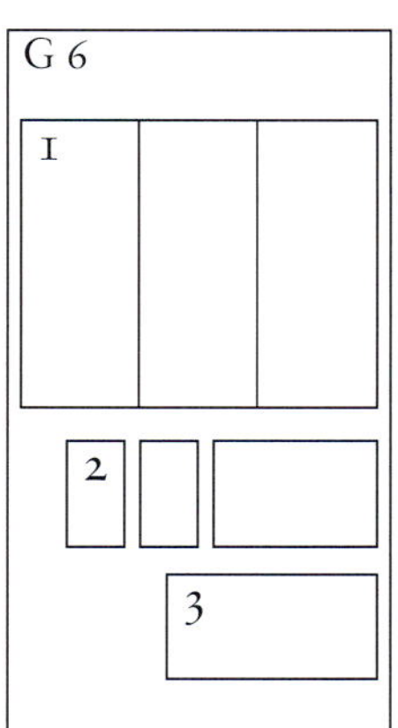

1
Auf dem Atlas von ca. 1730 kommt das enge Zusammenleben der seit 1529 reformierten Stadt und der katholischen Abtei deutlich zum Ausdruck. Der Stiftsbezirk, der Ort des Klosters und der weltlichen Verwaltung, bildete nur gerade ein kleines Segment der kreisförmigen städtischen Ansiedlung. *Stiftsarchiv St.Gallen, Bd. 1204.*

2
1795 schaffte Abt Beda Angehrn unter enthusiastischer Zustimmung der Untertanen die Leibeigenschaft ab. Im «Gütlichen Vertrag» wurde die Übereinkunft mit den Untertanen rechtsgültig fixiert. *Stiftsarchiv St.Gallen.*

3
Ein Quodlibet auf den «Gütlichen Vertrag» mit verschiedenen, collageartig zusammengestellten Texten und Zeichnungen. Abt Beda wird eine Pyramide als Denkmal gesetzt, in der Mitte ist der St.Galler Stiftsbezirk zu sehen, rechts finden sich die drei Hauptanführer der «Insurgenten», Johannes Künzle, Anton Bossard und Joseph Anton Contamin. *Genossenschaft Schloß Oberberg, Gossau SG.*

4
Grenzatlas der Alten Landschaft der Fürstabtei St.Gallen von ca. 1730: Darstellung von Rorschach. *Stiftsarchiv St.Gallen, Bd. 1204.*

Die
zwey erste Zugewandte
Orte der Eidgnosschaft
nemlich:
DER FÜRSTLICHE ABT
VON ST. GALLEN
und die
STADT ST. GALLEN
samt dem Toggenburg: und denen angräenzenden Orten
Appenzell, Thurgeu und Rheinthal,
neu gezeichnet, von GABRIEL WALSER,
reform. Pfarrer zu Berneck im Rheinthal.
Im Verlag der Homäennischen Erben
in Nürnberg, 1768. C. P. S. C. M.
Septentrio
Meridies
Occidens
Oriens
DER BODEN-SEE
L. THURGEU
FÜRSTLICH ST. GALLISCH
UNTER AMT TOGGENBURG
OBER AMT
APPENZELL AUSSERE RODEN
APPENZELL INNERE RODEN
CANTON ZURICH
ZÜRICH GEBIET
GASTER
RHEINTHAL
OESTERREICHISCHE LANDE
ST. GALLEN
Herrschaft Sax
Landvogtey Werdenberg
Wallenstatter See
Signorum Explicatio.
Städte.
Schlösser.
Zerstörte Schlösser.
Catholische Pfarrkirchen.
Reformierte Pfarrkirchen.
Pfarrkirch beyden Religionen gemein.
Ein Closter.
Ein Capell.
Zerstreute Häuser.
Ein Bad.
Maasstab.
Milliare Germanicum.
Avertissement.
Zu wissen ist: Dass Ihro Hoch-Fürstl: Gnaden von St. Gallen nicht nur in seinen Landen, sondern auch im Toggenburg die hohe Iurisdiction, und an verschiedenen Orten im Thurgeu theils die hohe, theils die niedere Gerichte, und im ganzen Obern Rheinthal und Höchst die niedern Gerichte besitzet, und der löbl. Stadt St. Gallen gehöret im Thurgeu die Gerichts-Herrlichkeit zu Bürglen, Amrischwyl, Buchwylen, Hefenrüthi etc. Die mehrere Nachricht findet man in denen Geographien.
26 a primo meridiano per Insulam Ferri ducto.

G 1.4

Zeittafel

612	Der irische Wandermönch Gallus errichtet die Zelle.
719	Der alemannische Priester Otmar errichtet das Zönobium.
747	Die *Regula Benedicti* wird auf Veranlassung Karlmanns und Pippins eingeführt.
759	Abt Otmar stirbt in Verbannung auf der Rheininsel Werd; das Kloster wird grundherrschaftlich abhängig vom Bischof zu Konstanz.
818	Kaiser Ludwig der Fromme verleiht dem Kloster das Immunitätsprivileg, wodurch es selbständige Reichsabtei wird.
833	König Ludwig der Deutsche bestätigt Immunität und freie Abtswahl.
830–837	Abt Gozbert erbaut das karolingische Münster.
841–872	Abt Grimald, Kanzler und Erzkapellan Ludwigs des Deutschen, sowie Abt Hartmut, sein Stellvertreter und Nachfolger, führen das Kloster zur wirtschaftlichen und kulturellen Hochblüte.
854	König Ludwig der Deutsche löst die letzten Verpflichtungen St.Gallens gegenüber Konstanz.
883	Kaiser Karl III. besucht und beschenkt das Kloster.
911	König Konrad I. besucht das Kloster und wird in die Gebetsverbrüderung aufgenommen.
926	Die Ungarn brechen ein und erschlagen die Inklusin Wiborada.
937	Eine Feuersbrunst verheert Kloster und Siedlung.
964/966	Eine Visitationskommission führt die Ottonische Klösterreform ein; Abt Kerbodo von Lorsch erläßt Statuten.
972	Kaiser Otto der Große besucht mit Gemahlin Adelheid, Sohn Otto II. und Schwiegertochter Theophanu das Kloster.
971/975	Abt Notker vollendet die Ummauerung, wodurch die Stadtwerdung St.Gallens den Anfang nimmt.
1076	Der Tod des Abtes Ulrich beendet die kulturelle Nachblüte.
1077/1121	Unter Abt Ulrich von Eppenstein ist St.Gallen im Investiturstreit wichtigster Stützpunkt kaiserlicher Politik in Schwaben.
1209	König Otto IV. zieht die St.Galler Reichsvogtei an sich.
1226/1234	Konflikt mit Graf Diethelm III. von Toggenburg um den Besitz von Wil und Alttoggenburg, den St.Gallen schließlich behauptet.
1247	Verleihung der Pontifikalien (Mitra, Ring, Pontifikalsandalen) durch Papst Innozenz IV. an Abt Berchtold von Falkenstein, der 1246 zur päpstlichen Partei übertrat, und seine Nachfolger.
1291	Abt Wilhelm von Montfort stellt der Stadt St.Gallen eine Handfeste aus und gewährt den Bürgern verschiedene Rechte.
1314	Brand der Stadt und der Abtei St.Gallen.
1353	Kaiser Karl IV. besucht das Kloster St.Gallen und nimmt Reliquien des hl. Otmar mit nach Prag.
1418	Brand der Stadt und des Klosters St.Gallen.
1429	Friede von Konstanz: Beendigung des Konflikts mit den Appenzellern in einem Vertrag; weitgehender Verzicht auf die noch verbliebenen klösterlichen Rechte im Appenzellischen.
1439	Mönche aus Kastl ersetzen die Bursfelder Reformpatres.
1451	Burg- und Landrecht der Abtei St.Gallen unter Abt Kaspar von Breitenlandenberg mit Zürich, Luzern, Schwyz, Glarus, die damit Schirmherren des Klosters werden. Die Abtei wird Zugewandter Ort der Eidgenossenschaft.
1457	Durch den Berner und den Speichingischen Spruch verzichtet die Abtei gegen eine Entschädigung von 7 000 Gulden weitgehend auf ihre Rechte gegenüber der Stadt St.Gallen.
1468	Kauf der Grafschaft Toggenburg durch Abt Ulrich Rösch.
1479	Hauptmannschaftsvertrag mit den vier Schirmorten Zürich, Schwyz, Luzern und Glarus. Demnach soll ein als Vertreter der Schirmorte in Wil residierender, in zweijährigem Turnus wechselnder Vierortehauptmann dem Abt bei seinen Geschäften zur Seite stehen.
1489	Im sog. Klosterbruch zerstören die Stadt-St.Galler, Appenzeller und Rheintaler mit Gewalt den begonnenen Klosterbau zu Rorschach.
1490	In verschiedenen Friedensverträgen wird der Konflikt beendet. Die Eidgenossen schützen die Rechte der Abtei, die jedoch auf eine Klosterverlegung verzichten muß.
1527–1532	Wegen der in der Stadt St.Gallen sich durchsetzenden Reformation – 1527 Abschaffung der Messe, 1529 Bildersturm im Münster – residieren die Äbte in Wil, Rorschach, auf Schloß Wolfurt bei Bregenz.

1532 Nach dem Zweiten Kappelerkrieg verpflichtet sich die Stadt St.Gallen zur materiellen Restitution der Abtei, worauf Abt Diethelm Blarer in St.Gallen einzieht.

1555 Das Kloster St. Johann im Thurtal wird St.Gallen inkorporiert.

1565 Erneuerung des Bündnisses mit Frankreich in Mont-de-Marsan.

1566 Der Rorschacher Vertrag und der Wiler Spruch trennen Stift und Stadt territorial vollständig.

1567 Kurz nach der Konstanzer Diözesansynode von 1567 stellt Abt Otmar Kunz zur Verbesserung der inneren Zustände die *Reformatio Sancti Galli* auf.

1570 Kardinal Carlo Borromeo besucht St.Gallen.

1602 St.Gallen gründet zusammen mit weiteren Klöstern die Schweizerische Benediktinerkongregation.

1613 Im Konkordat mit dem Bistum Konstanz wird das Offizialat geschaffen; die stift-sanktgallischen Pfarreien werden von der bischöflichen Jurisdiktion befreit.

1663 Zusammen mit den eidgenössischen Orten schließt St.Gallen ein Bündnis mit Frankreich.

1686 St.Gallen schließt ein Schutzbündnis mit Savoyen.

1690 Die Rorschacher Synode soll zur Verbesserung der Seelsorge im Stiftsgebiet beitragen.

1702 Defensionalvertrag mit Kaiser Leopold I.

1712–1718 Zwölfer oder Toggenburger Krieg, Exil des Abtes in Neu-Ravensburg, Besetzung der Stiftslandschaft durch Zürich und Bern.

1718 Frieden von Baden im Aargau.

1731 Erneuerung der Allianz mit Frankreich von 1663.

1756 Grundsteinlegung zur neuen Gallus- und Otmarkirche.

1759 Im Frauenfelder Vertrag wird das Mannschaftsrecht der Abtei im Toggenburg geregelt.

1768 Abt Beda Angehrn erwirbt den schriftlichen Nachlaß und die Bibliothek von Ägidius Tschudi.

1795 Im sog. «Gütlichen Vertrag» werden von Abt Beda Leibeigenschaft und weitere feudale Rechte abgeschafft.

1805 Der Große Rat des neugeschaffenen Kantons St.Gallen hebt mit 36 gegen 33 Stimmen das Galluskloster auf.

1823 Die Bulle «Ecclesia quae antiquitate» von Pius VII. schafft die Prämissen zur Gründung des Doppelbistums Chur–St.Gallen, womit faktisch die Aufhebung der Abtei anerkannt ist.

Otmar, 719–759
Johannes, 759/60–782
Ratpert, 782
Waldo, 782–784
Werdo, 784–812
Wolfleoz, 812–816
Gozbert, 816–837
Bernwig, 837–840/41
Engilbert, 840/841
Grimald, 841–872
Hartmut, 872–883
Bernhard, 883–890
Salomon, 890–919
Hartmann, 922–925
Engilbert, 925–933
Thieto, 933–942
Craloh, 942–958
  Anno, Gegenabt 953–954
Purchart (I.), 958–971
Notker, 971–975
Immo, 976–984
Ulrich (I.), 984–990
Kerhart, 990–1001
Purchart (II.), 1001–1022
Thietpald, 1022–1034
Nortpert, 1034–1072
Ulrich (II.), 1072–1076
Ulrich von Eppenstein, 1077–1121
  Lutold, Gegenabt 1077–ca. 1083
  Werinhar, Gegenabt 1083–1086
Manegold von Mammern, 1121–1133
  Heinrich von Twiel, Gegenabt 1121–22
Werinher, 1133–1167
Ulrich von Tegerfeld, 1167–1199
Ulrich von Veringen, 1199–1200
Heinrich von Klingen, 1200–1204
Ulrich von Sax, 1204–1220
Rudolf von Güttingen, 1220–1226
Konrad von Bußnang, 1226–1239
Walter von Trauchburg, 1239–1244
Berchtold von Falkenstein, 1244–1272
Ulrich von Güttingen, 1272–1277
  Heinrich von Wartenberg, Gegenabt, 1272–1274
Rumo von Ramstein (Gegenabt 1274–1277), 1277–1281
Wilhelm von Montfort, 1281–1301
  Konrad von Gundelfingen, Gegenabt 1288–1291
Heinrich von Ramstein, 1301–1318
Hiltbold von Werstein, 1318–1329
  Rudolf von Montfort, Pfleger 1330–1333
Hermann von Bonstetten, 1333–1360
Georg von Wildenstein, 1360–1379
Kuno von Stoffeln, 1379–1411
Heinrich von Gundelfingen, 1411–1418
Konrad von Pegau, 1418–1419
Heinrich von Mansdorf, 1419–1426
Eglolf Blarer, 1426–1442
Kaspar von Breitenlandenberg († 1463), 1442–1457
Ulrich Rösch (Pfleger 1457–1463), 1463–1491
Gotthard Giel von Glattburg, 1491–1504
Franz Gaisberg, 1504–1529
Kilian Germann, 1529–1530
Diethelm Blarer von Wartensee, 1530–1564
Otmar Kunz, 1564–1577
Joachim Opser, 1577–1594
Bernhard Müller, 1594–1630
Pius Reher, 1630–1654
Gallus Alt, 1654–1687
Cölestin Sfondrati, 1687–1696
Leodegar Bürgisser, 1696–1717
Joseph von Rudolphi, 1717–1740
Cölestin Gugger von Staudach, 1740–1767
Beda Angehrn, 1767–1796
Pankraz Vorster († 1829), 1796–1805

Bibliographie (Auswahl)

MELCHIOR GOLDAST HAIMINSFELD, Alamannicarum rerum scriptores aliquot vetusti, 3 Bde., Frankfurt 1606, ²1661, ³1730.
ILDEFONS VON ARX, Geschichten des Kantons St.Gallen, 3 Bde., St.Gallen 1810–1813; Berichtigungen und Zusätze, St.Gallen 1830. (Nachdruck mit einer Einführung von WERNER VOGLER, St.Gallen 1987)
HERMANN WARTMANN (u.a., Hrsg.), Urkundenbuch der Abtei St.Gallen, 6 Bde., Zürich–St. Gallen 1863–1955.
GEROLD MEYER VON KNONAU (Hrsg.), Ratpert, Casus sancti Galli, in Mitteilungen zur vaterländischen Geschichte 13, St.Gallen 1872, S. 1–64.
DERS. (Hrsg.), Ekkehard IV., Casus sancti Galli, in Mitteilungen zur vaterländischen Geschichte 15/16, St.Gallen 1877.
DERS. (Hrsg.), Continuatio Casuum sancti Galli, in: Mitteilungen zur vaterländischen Geschichte 17, St.Gallen 1879, S. I–XVI und 3–131.
PAUL PIPER (Hrsg.), MGH. Libri confraternitatum sancti Galli, Augiensis, Fabariensis, Berlin 1884.
HENRI LECLERCQ, Artikel «Gall(Saint-)» in: Dictionnaire d'archéologie chrétienne et de liturgie, Bd. VI/1 (1924).
J[AMES] M[IDGLEY] CLARK, The Abbey of St Gall as a Centre of Literature and Art, Cambridge 1926.
RUDOLF HENGGELER, Professbuch der fürstlichen Benediktinerabtei der heiligen Gallus und Otmar zu St. Gallen, Zug 1929.
CHARLES ALBERT CINGRIA, La civilisation de Saint-Gall, Lausanne 1929.
PAUL M. KRIEG (Hrsg.), Das Profeßbuch der Abtei St.Gallen, St.Gallen/Stifts-Archiv, Cod. Class. 1. Cist. C.3.B.56. Phototypische Wiedergabe mit Einführung und einem Anhang, Augsburg 1931.
ALOISIUS SCHEIWILER, Das Kloster St.Gallen. Die Geschichte eines Kulturzentrums, Einsiedeln/Köln und St.Gallen 1937.
GEORG THÜRER, St.Galler Geschichte. Kultur, Staatsleben und Wirtschaft in Kanton und Stadt St.Gallen, 2 Bde., St.Gallen 1953 und 1972.
ALBERT BRUCKNER und ROBERT MARICHAL (Hrsg.), Chartae latinae antiquiores 1 und 2: Switzerland, Olten/Lausanne 1954 und 1956.
ROLF SPRANDEL, Das Kloster St.Gallen in der Verfassung des karolingischen Reiches, Freiburg i. Br. 1958.
EUGEN NYFFENEGGER (Hrsg.), Cristân der Kuchimaister, Nüwe Casus Monasterii Sancti Galli, Berlin und New York 1974.
HANS F. HAEFELE (Hrsg. und Übersetzer), Ekkehard IV.: Casus Sancti Galli – St.Galler Klostergeschichten, Darmstadt 1980.
OTTO P. CLAVADETSCHER (Hrsg.), Chartularium Sangallense, Bd. 3 ff., St.Gallen 1983 ff.
JOHANNES DUFT, ANTON GÖSSI und WERNER VOGLER, Die Abtei St.Gallen. Abriß der Geschichte, Kurzbiographien der Äbte, Das stift-sanktgallische Offizialat, St.Gallen 1986.
WALTER BERSCHIN, Eremus und Insula, St.Gallen und die Reichenau im Mittelalter – Modell einer lateinischen Literaturlandschaft, Wiesbaden 1987.
ERNST EHRENZELLER, Geschichte der Stadt St.Gallen, St.Gallen 1988.
JOHANNES DUFT, Die Abtei St.Gallen, 3 Bde., Sigmaringen 1990–94.
JAMES C. KING (Hrsg.), Sangallensia in Washington; New York, San Francisco, Bern, Baltimore, Frankfurt a. M., Berlin, Wien, Paris 1993.
WERNER VOGLER (Hrsg.), Die Kultur der Abtei Sankt Gallen, Zürich 1990, ³1993; fremdsprachige Ausgaben: englisch, Stuttgart/Zürich 1991; französisch, Lausanne 1991; italienisch, Milano 1991; spanisch, Madrid 1992; japanisch, Tokyo 1994; russisch, St.Gallen 1996; polnisch in Vorbereitung.

Abbildungsnachweis

Bibliothèque publique et universitaire, Genf: S. 41a, 47; Bibl. Jagiellońska, Krakau: S. 30; F. Kälin, Einsiedeln: S. 48, 67a; K. Künzler, St.Gallen: S. 61a, 65a/b, 73a, 76, 77a/b, 79; Lautenschlager, St.Gallen: S. 68; The Pierpont Morgan Library, New York: S. 43d; P. Rast, St.Gallen: S. 21a/b; H. R. Sennhauser, Zurzach: S. 20; Kantonsbibliothek (Vadiana), St.Gallen: S. 39b; Stadtarchiv (Vadiana), St.Gallen: S. 60, 64; Öst. NB, Wien: S. 41c/d; StA Zürich: S. 54; ZB Zürich: S. 66, 74, 75; alle Abbildungen, die mit Cod. Sang. bezeichnet sind, stammen aus der Stiftsbibliothek St.Gallen, alle übrigen Abbildungen aus dem Stiftsarchiv St.Gallen.

Epilog

Den Namen St.Gallen tragen der Kanton, das Bistum, der Katholische Konfessionsteil und nicht zuletzt die Stadt. St.Gallen ist die Kapitale des Schweizer Kantons St.Gallen (mit rund 410 000 Einwohnern, die Stadt selbst zählt 70 000 Bewohner). Bis heute hüten als selbständige Institutionen die Stiftsbibliothek St.Gallen die Handschriften, das Stiftsarchiv die Urkunden und Verwaltungsakten der ehemaligen Fürstabtei St.Gallen.

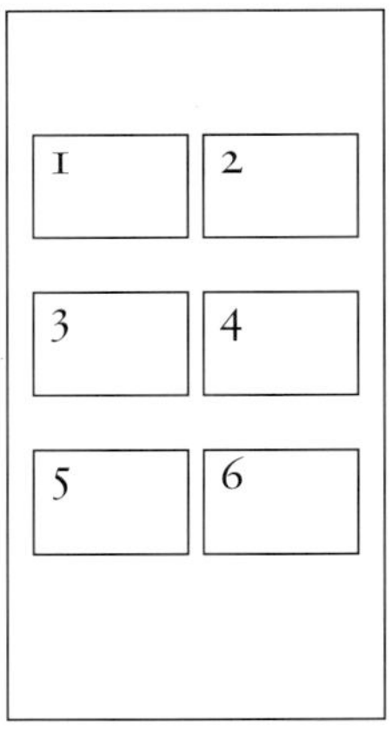

1
Das Regierungsgebäude, Sitz von Parlament und Regierung des Kantons.

2
Das «Waaghaus», wo das Parlament der Stadt tagt.

3
Das «Katholische Kollegium», das Parlament des Katholischen Konfessionsteils.

4
Der Bischof, der Vorsteher der Diözese St.Gallen.

5
Die Stiftsbibliothek.

6
Das Stiftsarchiv.

Die Ausstellung «Die Kultur der Abtei Sankt Gallen» wurde mit Unterstützung des Kantons St.Gallen, des Katholischen Konfessionsteils des Kantons St.Gallen, der Stadt St.Gallen und der Pro Helvetia-Schweizer Kulturstiftung vom Stiftsarchiv St.Gallen vorbereitet. Design und Gestaltung: Eugen Egger, Kirchberg SG; Photos: Karl Künzler, St.Gallen; Sponsoring: CA St.Gallische Creditanstalt, St.Gallen, und Swissair; Gesamtkonzept und Texte: Stiftsarchivar Werner Vogler, St.Gallen, in Zusammenarbeit mit der Stiftsbibliothek St.Gallen, weiteren Institutionen, Bibliotheken und Archiven, denen für ihre Mitwirkung gedankt sei.

St.Galler Konventssiegel, im Gebrauch von ca. 1293 bis zur Aufhebung des Klosters: Gallus und der Bär. *Stiftsarchiv St.Gallen.*